データ
サイエンティストの要諦

加藤良太郎
RYOTARO KATO
高山博和
HIROKAZU TAKAYAMA
深谷直紀
NAOKI FUKAYA

幻冬舎 MC

はじめに

デジタルトランスフォーメーション（ＤＸ）が加速しています。関連する技術は幅広いのですが、そのなかでもデータ分析は花形技術の一つといっていいでしょう。したがって高度なデータ分析の実施に携わるデータサイエンティストは、現在はもちろん将来にわたっても有望な職業だと考えている方が多いのではないかと思います。

しかしデータサイエンティストの定義が、「ビッグデータから機械学習モデル（深層学習を含む）を構築する専門家」ということであれば、今はともかく、将来的に有望な職業だとは残念ながらいえません。なぜなら機械学習モデル作成の自動化がすでに進展しており、数年以内には自動作成が主流になると考えられるからです。

将来有望でない理由は、それだけではありません。「ＰｏＣ貧乏」という言葉があります。これはＤＸに取り組んでいる企業が、ＰｏＣ（概念実証）から先になかなか進むことができず、ビジネス上の成果が出ないのに投資額だけが増えている状況を指す言葉です。

5年以上前からDXに取り組んでいる日本企業の65・3%がまだPoCの段階にとどまっているというデータさえあります（2019年12月のDell Technologies DX動向調査）。

事実、PoCから先に進まないのでデータ分析のパートナーを代えたいという相談は非常に多く、実際にパートナーの交代につながることがほとんどなのです。PoCで終わってしまう原因がデータサイエンティストだけにあるわけではありませんが、企業側はPoC貧乏の責任の多くがデータサイエンティストにあると感じています。


なぜそのように企業が感じてしまうのか。その原因は、データサイエンティストにコンサルティング能力が不足しているからだといえます。

データ分析はあくまで手段であり、目的は競争力の強化、他社との差別化、ブランディング、収益向上、コスト削減、企業体質強化などビジネス戦略の実現です。極めて精度の高い機械学習モデルを作成できたとしても、それがビジネス戦略の実現の役に立たないと判断されればPoCから先には進めません。

そうであれば、データサイエンティストといえども、企業のビジネス戦略およびその戦略の上位概念であるミッションやビジョンを理解しなければなりません。そしてクライアントにしっかりとヒアリングして彼らの潜在的なニーズを引き出し、クライアントにとって本当に必要な課題解決案を提案できなければなりません。これはいわゆるコンサルタントの仕事です。

つまり、今企業が求めているのはコンサルティング能力をもったデータサイエンティストなのです。

私たちは、アナリティクスを活用したサービスとソリューションを提供するアナリティクス企業の共同設立者です。クライアントにとって真に価値のある改革を実現するため、データサイエンスとＩＴ技術を駆使したモデル・システムの構築・活用支援に加えて、クライアントの事業・業務を改善するアナリティクス・コンサルティング・サービスを提供しています。

私たちはデータサイエンティスト、すなわちデータ分析の専門家であると同時にコンサルティング業務にも長く携わってきました。これまでの経験からデータサイエンティストにコンサルティング能力が必要な理由、その能力の高め方、今後求められるデータサイエンティスト像について、実例を交えながら思うところを述べたのが本書です。

データサイエンティストはとても重要な仕事であり、ビジネスはもちろん社会問題の解決にも貢献していける仕事です。社会的課題が複雑になったうえに、ある地域で起こった課題があっという間に世界中に拡散していく現代、問題解決のためにはデータを欠かすことができませんし、その取り扱いに長けたデータサイエンティストの必要性は高まる一方です。

私たちもまだまだ完成にはほど遠く、日々勉強・精進を続けています。

本書によって、ともに切磋琢磨しながらビジネスや社会の発展に貢献する人材が1人でも増えるのであれば、それに勝る幸せはありません。

データサイエンティストの要諦　目次

［第2章］　データサイエンティストは「分析」だけできても意味がない

［第3章］　データサイエンティストの市場価値を高めるコンサルティング能力

［第4章］　新たな事業戦略の提案で顧客の課題解決を目指す

――これからのデータサイエンティストに求められるスキルとは

［第5章］　これからのデータサイエンティストはどうあるべきか

［第1章］

注目度を増す「データサイエンティスト」という職業

データサイエンスとは？

データサイエンティストについて語る前に、まずデータサイエンスに触れておきたいと思います。本書は、データサイエンティストについて知りたいと考える一般のビジネスパーソン（特に経営層）や学生も対象にしていますので、主にその方々に向けての解説です。ですが、データサイエンティストの方もおさらいの意味でお付き合い願いたく思います（以降にもデータサイエンティストにとっては常識と思われる内容がありますが、同様にお願いします）。

データサイエンスという言葉自体はけっこう昔からあるのですが、誰がいつ言い出したかについては諸説あって定まっていないようです。

データサイエンスは、「データの分析についての学問分野。数学、統計学、計算機科学などと関連し、主に大量のデータから、なんらかの意味のある情報、法則、関連性などを導き出すこと、またはその処理の手法に関する研究を行う」（デジタル大辞泉）と定義されています。

具体的に関連する学問は、数学、統計学、コンピュータサイエンス、情報工学などであり、テクノロジーは、パターン認識、機械学習、データマイニング、データベース操作、データ可視化などです。近年注目されているディープラーニング（深層学習）は、機械学習の一種です。本書で「機械学習」という場合は、特に区別する必要のない場合、ディープラーニングを含めたものとします。

ここで、モデルとアルゴリズムという言葉を定義しておきたいと思います。モデルとは簡単にいうと、「機械学習によって得られた数式」のことです。数式といっても、かなり多くの項とパラメータを持つ複雑な式です。世間で言われるＡＩ（人工知能）の本体部分です。入力（画像や音声など）を処理し、なんらかの出力をするものという説明がなされることが多いようです。本書では、特に区別する必要がない限り単に「モデル」といえば、機械学習によって得られたモデルのことを指します。

一方アルゴリズムは計算の手順のことですが、機械学習でいえば学習の手順です。ここでは内容は説明しませんが、決定木、ロジスティック回帰、ＳＶＭ（サポートベクターマシン）、勾配ブースティング、ニューラルネットワークなどのアルゴリズムが有名です。

［図表1］人工知能とは？　～機械学習？深層学習？

人工知能＞機械学習＞深層学習

人工知能（AI）
・人間の知的作業を代替できる機械（人工物）
・言い換えると、人間が普段扱っているデータの集合から特徴を抽出し、事象を表現できる機械
・チャットボットや予測エンジンは、これらの技術にほかの要素を加えて、ただ単にプロダクト化／サービス化したもの
「解決したい問題」による分類分け
強化学習
教師なし学習
教師あり学習
さまざまな学習アルゴリズム（≒学び方）
ベイジアンアプローチ
ツリーアンサンブル系
ブースティング（AdaB／GBM／XGB等）
ニューラルネットワーク系
深層学習（MLP／CNN／RNN等）
…ほか多数

モデルを作成する際にはまずアルゴリズムを決めて、そのアルゴリズムを使ってデータによる学習を実施します。あるアルゴリズムで精度の高いモデルが出来上がらなければ、別のアルゴリズムでモデル作成をします。精度の高いモデルを作成するためには、このような試行錯誤が必要です。

どのアルゴリズムを採用するかは、法制度などの社会的要請によって決まることもあります。例えばディープラーニングで学習したモデルは、一般的になぜその結果が出たのかを説明することができません。したがって、例えばクレジットの与信判断のような説明責任が求められる分析では使うことができません。ただディープラーニングでも結果が出るまでの経緯を説明できるような手法の開発も進められており、ある程度の成果が出てきています。

「モデリング屋」とデータサイエンティストの違い

データサイエンティストとは、「データサイエンスの研究者や実践者」のことです。本書では、ビジネスとしてのデータサイエンティストを扱うので、基本的に「実践者」を指します。

しかし、データサイエンティストとして高度な人材と認識されるためには、新たなアルゴリズムやモデルを提唱したり、論文を発表したりすることも必要です。したがって主に企業向けに知見（インサイト）を提供しているデータサイエンティストであっても、「研究者」の側面を持ち合わせている必要があります。

ビジネスの世界では、データサイエンティストは、ビッグデータを分析して知見を得る人と認識されているのではないでしょうか。ビッグデータは、「膨大かつ多様で複雑なデータのこと。（中略）日々生成されるデータの集合を指し、単に膨大なだけではなく、非定形でリアルタイムに増加・変化するという特徴を持ち合わせている」（デジタル大辞泉）と定義されています。

「非定形」とありますが、一般的には「非定型」あるいは「非構造化」と呼ばれます。本書では「非構造化」を使います。非構造化データとは、SNSの文字データや画像データ、センサーが送ってくるデータ、医療機関の電子カルテ情報など、長さや属性、区切りなどが決まっていないデータのことです。非構造化データの逆が構造化データで、「定型データ」あるいは「テーブルデータ」ともいいます。業務用のデータベースにあるような、項目名・属性・長さを定義できるデータのことです。データサイエンティストが扱うデータは非構造化データだけではなく、テーブルデータも含めたあらゆるデータです。

データを分析する手法として、最近では機械学習モデルを作成することが主流になってきました。データ分析とは基本的にパターン認識であり、その強力な手段が機械学習だからです。そのためデータサイエンティストとは機械学習モデリングのエキスパートだとされることもあります。

ここまでをまとめると、多くの方が、データサイエンティストとは、「ビッグデータを含めたあらゆるデータを元に、主に機械学習モデルを作成する人」と思うのではないでしょうか。しかし本書では、この定義に当てはまる仕事しかしていない人を「モデリング屋」と呼び、私たちがあるべきと考える「データサイエンティスト」とは区別します。本書のメインテーマは、「モデリング屋」の将来は今後明るくない、今すぐ脱皮してデータサイエンティストとしてあるべき姿に向かわなければならないというものです。

では、「データサイエンティストのあるべき姿」とはどのようなものでしょうか。詳細は第2章、第3章、第4章で述べていきますが、先に結論を申し上げておきましょう。それは、データを分析した結果から得られるインサイトを基に経営や事業に資する判断を行い、新規事業立案や業務改善などの施策を提言し、必要に応じて構築したモデルをシステム化し運用に乗せることです。そのモデルに関しても、常に最先端を追求し、自分でもアルゴリズムを生み出していく姿勢が求められます（これは「サイエンティスト」の要件と考えます）。

モデルは1回だけ使用するケースも多々ありますので、システム化は「必要に応じて」となりますが、システム化し運用可能な形にするまでは、データサイエンティストの仕事だと考えます。

以後、基本的に「データサイエンティスト」とは、このあるべき姿を実践している人を指します（「モデリング屋」との区別が必要なときには「コンサルティングもできるデータサイエンティスト」「『モデリング屋』でないデータサイエンティスト」などということもあります）。

システム化する・しないは別として、現実の経営や事業の改善の役に立たない機械学習モデルは無用の長物だといっていいでしょう。

データサイエンティストが注目されるようになったのは2015年ぐらいから

こうして振り返るとかなり前からある「データサイエンティスト」という職業ですが、注目されるようになったのは、2012年にハーバード・ビジネス・レビューが「21世紀で最もカッコいい仕事」として取り上げた頃からです。日本でも、その頃から徐々にデータサイエンティストという言葉が知られるようになりました。ただ実感としては、注目されるようになったのは、2015年ぐらいからではないでしょうか。

2015年といえば、アルファベット（グーグルの持ち株親会社）傘下のディープマインドが開発したアルファ碁が、プロの棋士をハンデキャップなしで打ち破った年です。アルファ碁開発に使われた技術の一つがディープラーニングです。このことによりディープラーニングが一気に一般の人にも知られるようになりました。

ディープラーニングとは、ニューラルネットワークという人間の脳の構造を模した数理的モデル（アルゴリズム）を使用した機械学習です。ニューラルネットワークには単層

（入力層と出力層しか持たないもの）と多層（入力層と出力層の間に1つ以上の中間層が存在するもの）があり、ディープラーニングでは一般的に4層以上のニューラルネットワークを利用するためディープ（深層）といいます（P53の図表6を参照）。

ニューラルネットワークもディープラーニングも実はかなり昔に考案された技術で、その発想は1950年代に遡ります。ただ当時はハードウェアが遅くて実用に至らなかったため、1990年代にはいったん下火になってしまいました。

ところが2012年にトロント大学のジェフリー・ヒントン教授が率いるチームが、画像認識精度を競うコンテストでディープラーニングを採用し、圧倒的大差で優勝しました。それ以来、再び盛んに利用・研究されるようになったのです。

その後、ヒントン教授はグーグルに招聘され、ディープラーニングで「Googleの猫」を実現しました。「Googleの猫」とは、2012年にグーグルが機械学習の研究成果として、インターネットに「猫の画像を認識した」ことを大々的に発表した出来事を指します。

実は、AI研究そのものが1990年代から下火になっていたのですが、「Google

の猫」でディープラーニングが注目されたことにより、ＡＩ研究も一気に息を吹き返し、今に至っています。これを一般的には「第３次ＡＩブーム」と呼んでいます。しかし「ブーム」といった一時的な話ではなく、ＡＩはすっかり社会に根を下ろしたといっていいでしょう。

こうした背景で、機械学習のエキスパートであるデータサイエンティストも一躍脚光を浴びるようになったのです。

なぜ「モデリング屋」では通用しなくなるのか

データサイエンティストに求められる数学、統計学、コンピュータサイエンス、情報工学などの学問分野およびパターン認識、機械学習、データマイニング、データベース操作、データ可視化などのテクノロジー分野はいずれも習得が容易ではありません。学問分野では最低限大学レベルの知識習得が求められますし、なかには大学院レベルの知識が求められることもあります。テクノロジー分野も実際に使ったり開発したりした経験が必要とされます。

これだけの学問とテクノロジーをマスターしたデータサイエンティストは高度な専門職として、需要に供給が追いつかず引く手あまたの職業となりました。2020年頃には深刻なデータサイエンティスト不足が予想されるということで、日本ではITベンダーやAIベンダーを主に人材の争奪戦が行われ、データサイエンティストの市場価値は高まるばかりでした。

ところが実際に2020年になってみると、相変わらずデータサイエンティストの需要は高いのですが、機械学習モデルを作ることしかできない「モデリング屋」の市場価値は高止まりした感があります。もはやモデルを作るだけではクライアントのニーズに応えられなくなってきたからです。

さらに一方で、モデル作成そのものが自動化されている流れがあります。機械学習モデルの作成こそ、データサイエンティストが修めてきた高度な学問と培ってきたテクノロジーの集大成であり、企業はそれに高い報酬を支払ってきたのですが、それが自動化されるとなると高い報酬額への疑念が生じますし、自動化される部分しかできないとなると、それこそ仕事を失うことになりかねません。

データサイエンティスト不足はまだ続きそうですが、「モデリング屋」であれば要らないという状況になってきているということです。

ＩＴエンジニアがたどってきた道と似ている

これと同じような流れをたどってきたのがＳＥ（システムエンジニア）やプログラマなどのＩＴエンジニアです。１９８０年代の後半ぐらいから事務処理の急激なコンピュータ化の波がやってきて、２０００年頃にはＳＥやプログラマが大量に不足すると予想されました。バブル期には富士通やＮＥＣといった大手ＳＩ企業が、年に１５００人ぐらいの学生を出身学部など関係なく、好待遇で一括採用していました。

ところが１９９０年代になってバブルが弾けると、大手ＳＩ企業も採用を手控えるようになっても、２０００年頃に何十万人ものＩＴエンジニアが日本全体で不足する事態は訪れませんでした。

これはソフトウェアの部品化やソフトウェア開発の自動化が進んだからです。人手不足が予想される業界では、このように生産性改革に取り組む人たちが出てきて、人手不足が解消されることが常でした。これと同じことがデータサイエンティストに関しても起こっています。

生産性向上の流れのなかで、ＩＴエンジニアの市場価値がどうなったかといえば、大きく二極化しています。ＤＸ（デジタルトランスフォーメーション）の波に乗って、ビジネス価値の向上に寄与することができるＩＴエンジニアの市場価値は高騰していますが、昔ながらの業務効率化のためのアプリケーションを開発しているＩＴエンジニアの市場価値は確実に下がってきており、若い優秀な人材を惹きつける職業ではなくなりつつあります。

収入の高さが人間の価値ではありませんが、市場価値の指標にはなるでしょう。その市場価値の二極化がこの先データサイエンティストにもかなり高い確率で起こり得るでしょう。

とはいえ、「モデリング屋」でも高度な教育を受け、最新のテクノロジーを使いこなせるわけですから、市場価値が急に暴落するとは思えません。コンサルティングもできるデータサイエンティストの市場価値が高騰し、活躍のステージが高くなっていくのを横目に、今の収入と仕事で満足できればそれでいいのかもしれません。

しかしせっかく高度な土台を持っているのに、それはもったいないと私たちは考えます。もちろん継続的な努力は必要ではありますが、そのような土台のない人たちに比べれば少ない努力で市場価値が高まる可能性を秘めているからです。

先ほど「脱皮」という表現を使いましたが、まさに「脱皮」の感覚でいいと思うのです。一から生まれ変わる必要があるわけではありません。成長を阻む古い皮、すなわち固定概念を脱ぎ捨てて、追加で新たに必要なことを学んでいけばいいだけです。

データサイエンティストがあるべき姿になるために必要なものとは

それでは「モデリング屋」がデータサイエンティストに脱皮するにあたって必要なものとはなんでしょうか。それは「アナリティクス」全体を1人でも遂行できる能力です。「アナリティクスならデータサイエンティストの本業ではないか」と思った方もいることでしょう。しかし「アナリティクス」の定義が、私たちと違うかもしれません。

一般的に「アナリティクス」といえば、「分析」「解析」と訳されています。しかし本来「分析」にあたる英語は「アナリシス」です。それと何が違うのでしょうか。

"Oxford Learner's Dictionaries" で "analytics" を調べると、"a careful and complete analysis of data using a model, usually performed by a computer" と出ています。直訳すると「通常コンピュータによって実行される、モデルを使用した注意深く完全なデータの分析」となります。これは先ほど定義した、「モデリング屋」の業務そのものです。

しかし私たちのいう「アナリティクス」はこれだけではなく、この前段工程である課題の抽出・設定と後段工程である分析結果の活用（システム実装・運用も含む）を含めた概念です。以下本書ではアナリティクスをこの意味で使います。これだけでは、具体的なイメージが湧かないと思いますが、詳細は第2章で説明することとします。

私たちがアナリティクスをこのように定義するのは、先ほど言語化したデータサイエンティストのあるべき姿と関連します。あるべき姿とは、「データを分析した結果から得られるインサイトを基に経営や事業に資する判断を行い、新規事業立案や業務改善などの施策を提言し、必要に応じて構築したモデルを仕組み化し運用に乗せること」でした。これを実現するためには、データサイエンティストはコンサルティングもシステム実装を含む施策の実施支援もできなければならないのです。

ただし「アナリティクス全体を1人でも遂行できる」と述べましたが、これは1人で仕事をせよと言っているわけではありません。実際の業務はプロジェクトチームを構成し、協力し合って進めていくことがほとんどでしょう。つまりアナリティクスを1人でもやろうと思えばできるけれども、クライアントやチームリーダーの要請に応じて、メンバーとしてもリーダーとして適切な役割も実践できる人のことだと考えてください。

必要とされる能力の詳細は第4章で説明しますが、特に外せない能力は、モデリングは当然として、コンサルティングができる能力です。システム実装支援に関しては、担当者が使うＩＴ専門用語を理解でき、担当者に適切な指示を出すための基礎知識は必要ですが、熟練ＩＴエンジニア並みの実務経験は必要ないでしょう。

提案コンペの勝率で確信

モデリング自体は高度なスキルです。できるようになるまでに多くの時間を勉強と実務に費やしてきたことを私たちは十分承知しています。したがって「モデリングができる人」を「モデリング屋」と呼び、「そのままでは将来不安ですよ」などと決めつけるのは不適切な態度かもしれません。

ただ現場でクライアント企業が本当に求めていることを見続けてきた私たちには、そのようなことを言えるだけの確信があるのです。

例えばＡＩベンチャーやＩＴベンダーと提案コンペになることがあります。あるいは他社が手掛けて中断した案件の提案依頼をいただくこともあります。その際に私たちが他社の提案内容を見せてもらって分かることは、それがモデリングの話に終始していることです。しかしクライアントが欲しているものは、分析精度の高い機械学習モデルではありません。ビジネスの成果なのです。

精度が低いのは論外ですが、精度が高くてもビジネスで使えないモデルであることは往々にしてあります。企画段階で「かくかくしかじか、このような分析をします」と明記してあっても、クライアントは分析の専門家ではありません。実際に出てきたレポートを見て、内容を説明してもらってはじめて、その分析がビジネスの役に立つかどうかを判断できます。

要するに分析をやってみるまでは、それがビジネスに使えるかどうかは分からないのです。「1万件の抽出すべき対象から9999件を判別することができました。99・99％の精度です」となっても、「それを見つけてどうするんだ？」となれば、ビジネスでは使えません。

そこに提案段階で、「御社がアナリティクスを実施するに際して目的としていることは、かくかくしかじかと理解しました。このような目的に関しては、このようなモデリングが有効であり、このようなモデルを作成することが必要になります。このモデルを実行することで、御社が得られるビジネス価値は現時点ではこのぐらいと予測できます。モデルの有効性が確認できた際には、その後のシステム実装および運用のご支援も可能です」と言えるデータサイエンティストがいたらどうでしょうか。多くの会社が、彼（の所属する会社）に発注するのではないでしょうか。

実際、私たちはそのような提案ができているから提案コンペの勝率が高いと自負しています。頓挫したアナリティクスを再開する案件の提案でも高い受注率を誇っています。

もちろん提案だけすばらしくても仕方ありません。ビジネス目的を理解したつもりでも間違っていたら意味がありません。しかしビジネス目的を理解するのは難しい仕事です。ビジネスそのものへの理解はもちろんのこと、高いコミュニケーション能力が要求されます。

クライアント側が明確にビジネス目的を定義できていればなんの問題もありませんが、そうであればコンサルタントなど実は必要ありません。ビジネス目的が曖昧で定義しきれていないからこそコンサルタントが必要なのです。コンサルタントとは、クライアントからビジネス目的を聞き出し、潜在ニーズを探り、それらを明確に言語化できる人です。

「モデリング屋」はモデリングに徹して、業務コンサルタントや戦略コンサルタントと協業して役割分担すればいいという意見もあるでしょう。事実、社内にコンサルティンググループとデータサイエンスグループ、およびシステムエンジニアリンググループの3つをもち、それぞれ役割分担をしてクライアントに対応している大手ベンダーも存在します。

しかし、アナリティクスに関わるコンサルティングにおいて重要なことは、モデリングに詳しいことなのです。ビジネス目的が分かっても、それはモデリングでは達成できないこともあります。逆にモデリングなど必要なく、例えば組織やルールを変えるだけで達成できてしまうこともあります。こうしたことを的確に判断できるという意味で、業務コンサルタントや戦略コンサルタントよりも、コンサルティングもできるデータサイエンティストのほうが高い適性をもっているのです。

第2章

データサイエンティストは「分析」だけできても意味がない

モデリングとアナリティクスの違い

第1章で、私たちのいう「アナリティクス」は「モデリング」とは違うものであり、その詳細は第2章で説明すると述べました。早速説明します。

図表2を見ればお分かりのように、モデリングはアナリティクスの一部です。一部ではありますが、「データ収集／取込」「データ構造整理&クレンジング」「特徴量作成／変換／選択＋EDA」「モデリング」「性能評価」というデータサイエンティストの仕事の中核をなす業務です。

ここで中核といっている意味は、モデリングこそがデータサイエンティストの仕事を特徴づける業務だからです。たとえこの業務がすべて自動化されようとも、モデリングに関与しないデータサイエンティストはあり得ません。

しかしながら、モデリングができるだけでは市場価値は今後上がらず、やがて下がっていくことが予想されます。その理由としては、モデリングの自動化が進展していることと、モデリングだけではビジネスニーズに応えられないことを挙げました。

では、これからデータサイエンティストが価値を高めていくためにはどうしたらいいのか――その答えが、モデリングの前段工程である「問題設定」を支援する業務を実践し、さらに後段工程である「活用」という実装業務の面倒も見られるようになろうということなのです。

それでは、以下にアナリティクスのステップを1つずつ見ていきましょう。

問題設定－ビジネス課題の抽出

まず「ビジネス課題の抽出」ステップです。これは、経営・業務の状況から解決すべき課題を抽出することです。

例えば「デジタル化の潮流に乗るべく、全社およびグループ会社のデータを集約した統合データウェアハウスを整備しようと考えているが、まだ当初の活用法が決まっていない。活用法についても検討したい」というプロジェクトがあるとします。

漠然とした要望ですが、このようなプロジェクトはけっこう多いのです。「データは蓄

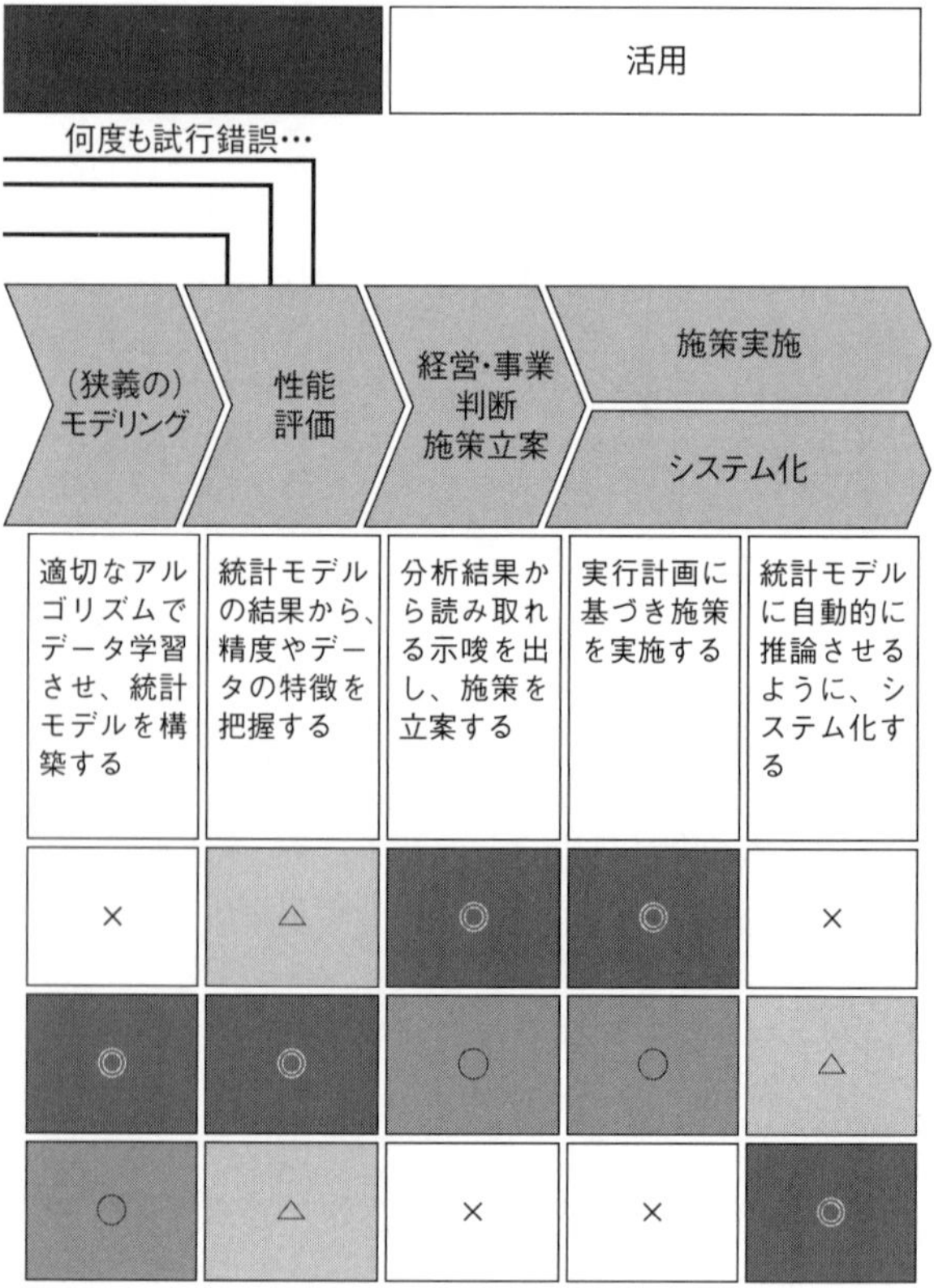
活用
何度も試行錯誤…
（狭義の）モデリング
性能評価
経営・事業判断施策立案
施策実施
システム化
適切なアルゴリズムでデータ学習させ、統計モデルを構築する
統計モデルの結果から、精度やデータの特徴を把握する
分析結果から読み取れる示唆を出し、施策を立案する
実行計画に基づき施策を実施する
統計モデルに自動的に推論させるように、システム化する
×
△
◎
◎
×
◎
◎
○
○
△
○
△
×
×
◎

[図表2] アナリティクス一連の流れ

アナリティクスの目的は「課題解決」をすること。モデルを作ることでもシステムを作ることでもない

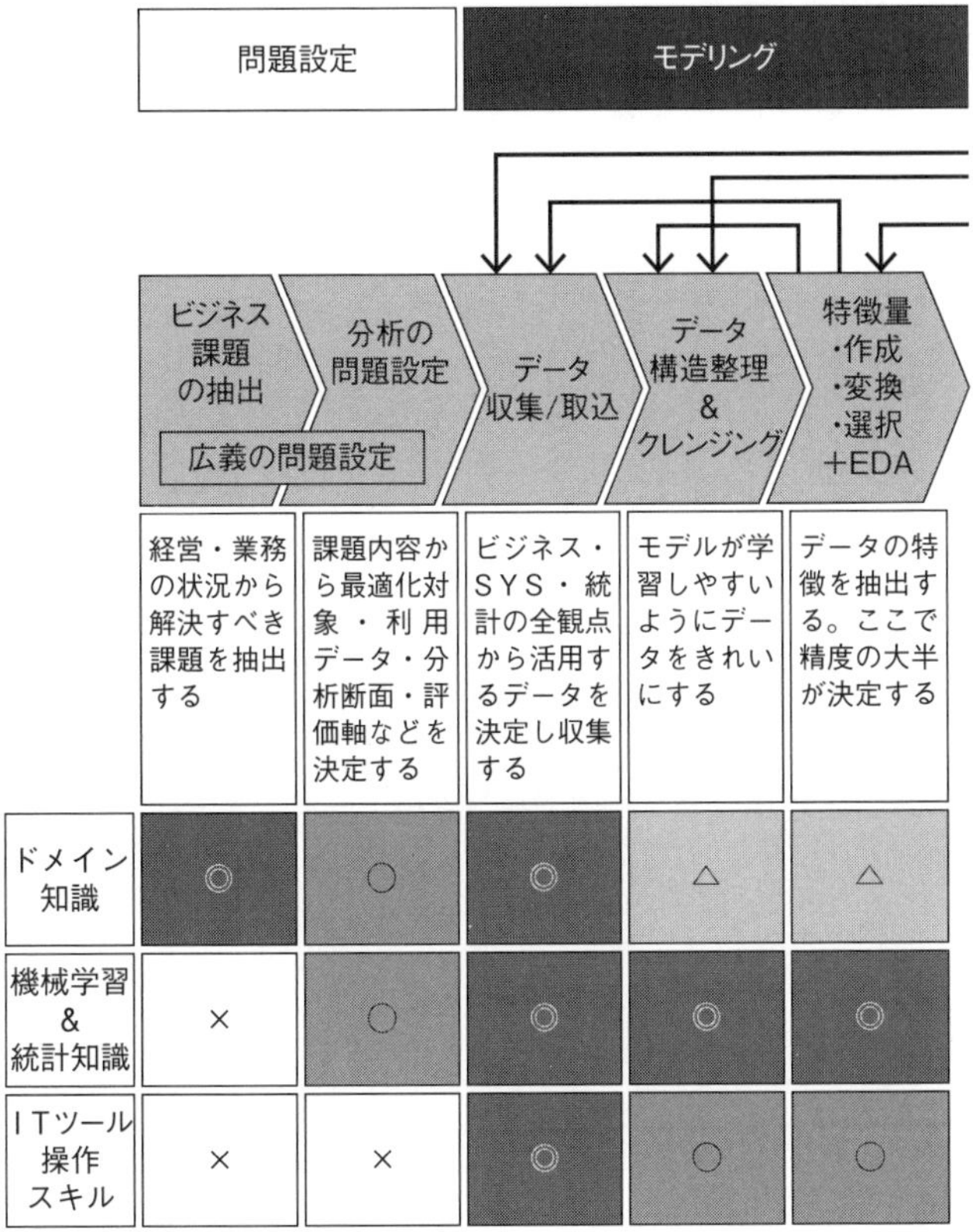

積されているのだが、使い道がよく分からない。ストレージはクラウド上で借りていて自社で所有するより低コストで済んではいるが、それでも毎月の使用料がムダになっているし、データ量もどんどん増えていくのでトータルコストは増える一方。だがいつどのように役に立つか分からないので捨てることもできない」――このようなジレンマを抱えていて、一日も早くデータ活用を開始したいというニーズをもっている会社が最近増えています。

会社の規模にもよりますが、プロジェクト開始当初にはクライアント側からは10名ぐらいのプロジェクトメンバーが参画します。経営企画部門、情報システム部門、関連するいくつかのユーザー部門からそれぞれ2名ずつぐらいです。私たちの会社からは、効率性や期間、リスクなどを考慮してチームで臨むのが一般的です。一例として、ファシリテーションやチームマネジメントを行うマネージャーが1名、モデリングなどのデータ分析を行うメンバーが1～3名といった具合です。もちろんそれぞれは、1人でも仕事を完遂できる能力をもつデータサイエンティストです。

中心的な作業はヒアリングです。私たちがプロジェクトメンバーに直接ヒアリングしたり、プロジェクトメンバーが現場の業務に詳しい人にヒアリングしたりしたことを持ち寄ります。ヒアリングに際しては、関連する業務の業務フローと課題と考えていることの一覧表を事前に作っておいてもらいます。

プロジェクトメンバーは毎週2時間程度集まって、ヒアリングしてきた内容を基に本当の課題は何かを検討していきます。課題の一覧ができ上がれば、「ビジネス課題の抽出」ステップを終了します。期間はだいたい1カ月、長くても2カ月程度です。

問題設定 – 分析の問題設定

「分析の問題設定」ステップでは、前ステップで抽出した課題内容から最適化対象・利用データ・分析断面・評価軸などを決定します。

それぞれの課題を解決するためにどのようなモデルを作るかを検討します。具体的には、何を最適化させるために、どういうデータを投入し、どういうアルゴリズムで学習をさせるのかを決めます。機械学習で実現できることは多岐にわたっているため（図表3）、クライアントの課題を正確に把握し、適切な手法を選択することが重要になってきます。

[図表3] 機械学習でできること

こなせるタスクは多岐にわたる。一部のタスクについては人間より高度に処理できる

	教師あり学習			教師なし学習	強化学習
	回帰（数値の予測）	分類（カテゴリの予測）	応用（回帰と分類の組合せ etc.）	クラスタリング 情報圧縮 異常検出 etc.	
テーブルデータ	売上額予測 来店数予測	デフォルト判定 購買予測		不正検知 ペルソナ分析	トレーディングAI
自然言語	書籍売上数予測	書籍ラベル推定 ポジネガ分類	自動翻訳 チャットボット	口コミ分類	
画像/映像/音声	画像年齢推定	画像ラベル付け	物体検出 姿勢推定	画像生成（お絵かきAI等）	囲碁AI ピッキングロボ

クライアント側のプロジェクトメンバーには、ある業務を実施するときには、業務の内容はもちろん、どんなデータに注目しているのかを確認します。その際には思考のたたき台となるような資料を用意し、例えば「商品価格設定はどのような業務で、どんなデータに注目して行っていますか？」のようにヒアリングしていきます。

このステップで重要なことは、クライアントの本当のニーズを探ることです。賃貸入居者審査モデルを作るのであれば、延滞の確率を予測する際に、1カ月延滞なのか2カ月延滞なのかどちらの確率を計算したいのかをしっかり聞き出さなければなりません。1カ月延滞は銀行への振り込み忘れのようなケアレスミスで起こることも多いので、故意の延滞であれば2カ月延滞の確率を計算するほうがいいのです。

このように、本当のニーズを聞き出すためには、1カ月延滞と2カ月延滞の違いといった業務知識が必要になります。

モデリング－データ収集／取込

以上が、アナリティクスの前段工程である問題設定フェーズの説明でした。続いてモデリングフェーズに入っていきます。ここから、「性能評価」までの5つのステップが、モデリングのフェーズとなります。

モデリングの結果としてでき上がるものが機械学習モデルですが、性能評価に合格するモデルを作成するためには試行錯誤が必要となります。したがって、これら5つのステップは直線的に進むというよりは、何度もの試行錯誤を重ねて、行きつ戻りつすることになります。モデリングフェーズは「作っては壊す」の繰り返し作業なのです。

戻るきっかけになるのは、多くは性能評価で目指す性能が出なかったと判定された場合ですが、特徴量を作成するステップから前のステップに戻ることもあります。このように、どこからどこへ戻るかはケースバイケースです。

まず「データ収集／取込」ステップでは、ビジネス・統計・システムの３つの観点から、モデル作成に活用するデータを決定し収集します。ビジネスの観点とは、目的を達成するためにどのようなデータを集めるべきかに関してはビジネスドメイン固有の知識が必要になるということです。統計の観点とは、ただ闇雲に集めても分析では使えないデータとなってしまうため、分析するうえで効果的なデータを集めるために統計の知識が必要になるということです。ＩＴの観点とは、データを効率的に収集・抽出するためにはＩＴスキルが必要になるということです。

具体的には、直前のステップである「分析の問題設定」で、各業務においてクライアントが注目するデータを実際に集めます。クライアントの社内データは、クライアント側のメンバーに集めてもらいますが、外部のオープンデータなどについては、私たちの側で集めます。

サードパーティーデータといわれる第三者が販売しているデータについては、必要なものがあれば紹介し、クライアント側で購入してもらいます。

データの収集自体が難しい場合もあります。部門間で壁があって、データを出したくないといったケースです。そのような場合には、関係部門を集めて説明会を開催することもあります。データが存在するのは分かっているが、データの管理者が分からないというようなケースであれば突き止めるための支援もします。管理者がデータを出し渋るようであれば説得の支援もしますし、外部業者だと分かればそちらに依頼することもします。

どうしても収集できないケースがあれば、プロジェクトの期間を分けることもあります。第1期でどうしても必要なデータはなんとしても集めますが、第2期で必要になるデータに関しては、それまでに説得して集めるということです。

データ収集に関して重要なことは、できるだけ制約がないようにすることです。例えばモデルを作るプロダクトがありますが、なかには入力できるデータに制約があるものもあります。そのためモデルの精度が上がらずにプロジェクトが頓挫することがよくあります。

私たちが関与する場合は、課題をしっかりと整理したうえで、クライアントのニーズに合わせてツールを使う部分は使う、オーダーメイドでモデルを作る部分は作るという柔軟な対応をします。

以前、ある大手小売チェーンのクライアントに対して来店人数予測モデルを導入したことがありました。私たちのモデルを導入する以前は他社プロダクトで作ったモデルが使われていましたが、精度は出ていませんでした。モデリング方法や活用情報のどちらにも問題がありましたが、最も大きな要因は販促情報の欠如でした。そこで私たちは、販促に関わるチラシ画像やキャンペーン情報を取り込めるモデルを構築することにしました。ちなみにチラシのどのような部分に着目していたかというと、価格帯、バーゲンセールの期間、還元されるポイントなどです。私たちはこれらのチラシ画像などを学習させることで精度向上を実現しましたが、入力データに制約のある既製品のプロダクトでは同様のことを実現するのが難しかったのです。

このように見ていくと、「データ収集／取込」は、モデリングのフェーズとはいえ、実際にはコンサルタントの資質である業務知識とビジネス成果を実現しようという気持ちを

［図表４］データ構造整理

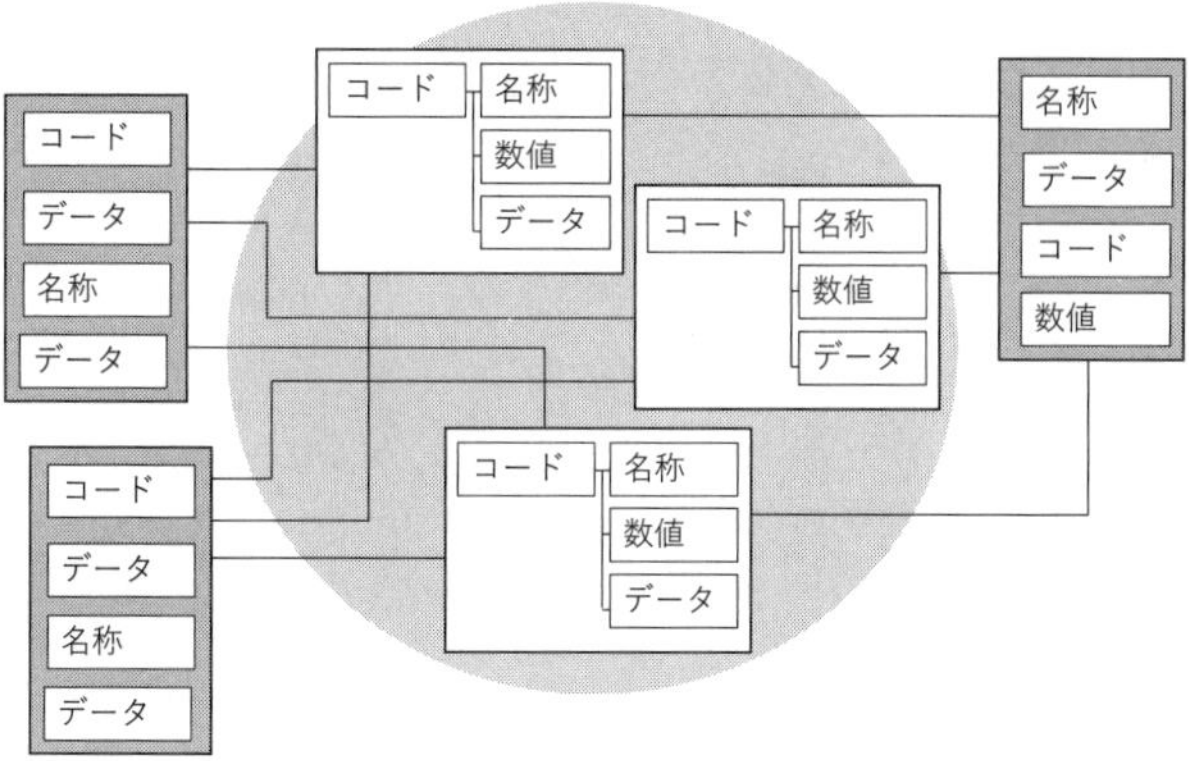

も持ち合わせていないと務まらないステップだと分かります。「モデリング屋」では、このステップの途中からしか対応できないでしょう。

モデリング－データ構造整理&クレンジング

続く「データ構造整理&クレンジング」ステップでは、機械が学習しやすいようにデータをきれいにします。

データ構造整理とは、機械学習のためのデータの構造が決まっているので、それに合わせてデータを作ることです（図表４）。問題設定により作業内容は異なっており、分析対象が「テーブルデータ」で「教師あり学習」

を行う場合は、複数データのリレーションを確認しながら、目的変数と説明変数の組み合わせを作っていきますし、分析対象が「画像／動画データ」で「物体検出」を行いたい場合は画像のリサイズやアノテーション（検出したい物体の領域特定とラベル付け）を行います。またクレンジングとは、名寄せ（さまざまなデータベースに登録されている個人や法人を同じ人と特定すること）や表記ゆれ（同じ意味の語句について異なる文字表記がされること。「バイオリン」と「ヴァイオリン」、「取引」と「取り引き」、「行う」と「おこなう」など）の統一を行うことです。

私たちはデータ構造整理&クレンジングに関わるさまざまな自動化ツールを自社開発しています。名寄せも表記ゆれもパターンがあるので、ある程度の自動化は可能です。こうした自動化ツールは、プロジェクトをまたがって使用することができますし、プロジェクトを経験するたびに機能強化されていきます。

クレンジングに関しては、クライアントにやってもらわずに必ず生データをもらうようにしています。例えば情報が欠損していること自体に意味があることもあるので、そこをクライアントに埋められてしまうと困るからです。

モデリング－特徴量作成／変換／選択＋EDA

続く「特徴量作成／変換／選択＋EDA」ステップでは、データの特徴を抽出します。このステップでモデルの精度の大半が決まります。

特徴量とは、注目すべきデータの特徴を量的に表したものです。例えば、料理店の売上予測をするとします。料理店の特徴は、品数、駅からの距離、シェフの経験年数、ドアの形、のれんの形、壁の色などいくらでもあります。このうち売上予測の特徴量は、品数、駅からの距離、シェフの経験年数などで、ドアの形、のれんの形、壁の色などは特徴量にはならなさそうです。実際に特徴量として使えるかどうかはモデルを作成して、変数重要度を評価するのが確実ですが、そもそも特徴量として何を選ぶかが重要です。選択とは、このように分析には無意味な特徴を省くことです。

特徴量の作成は、データの形式が画像か文書かテーブルデータかなどによって扱いが違ってきます。例えばテーブルデータの場合ですと、預貯金と年収という項目をそのまま与えるのではなく、預貯金を年収で割った値（つまり預貯金が年収の何倍あるか）を作って特徴量にすることがあります。このように複数の項目を組み合わせて新しい特徴量を作ることが作成です。

クレンジングの説明で、情報が欠損していること自体に意味があると言いましたが（P48）、そのような場合には、ある情報が欠損していたという特徴量を作成します。

あるいはデータをグループ分けして（このグループ分けに機械学習を使います）、所属しているグループを新しい特徴量として追加したり、画像や文章をベクトル化したりすることも特徴量の作成です。

選択と変換によって無意味な特徴を減らすことで、モデルの精度が向上し、学習速度も速くなります。

EDAとはExploratory Data Analysisの略で、日本語に訳すと「探索的データ解析」となります。これは実際にデータに触れながら、データを理解する作業です。つまり特徴量として選択、作成、変換したものがそれでいいのかという検証作業です。

分かりやすい例で説明すると、お菓子を食べる量を予測するのに、身長が特徴量として

［図表５］モデル内での各特徴量の重要度評価

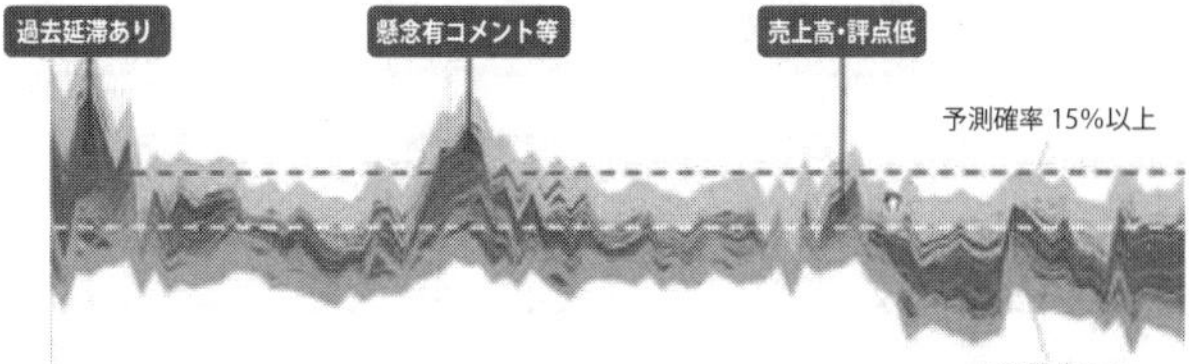

使えそうだと考えたとします。しかしデータを俯瞰的に眺めていくとどうも違和感があります。そこで身長と相関のあるデータを調べてみたら体重が出てきました。そのおかげで、より本質的な特徴量は体重であると見極めることができました。ＥＤＡとはこのような作業になります。

例えば図表５では、ある金融機関における全稟議の判断根拠データを俯瞰して見たものですが、高リスクと予測した根拠は何だったかを解析してみたものです。根拠は大きく３種（過去延滞歴あり、懸念コメントなど記載あり、売上高・評点が低い）に分類できることが分かります。このようにＥＤＡを実施することで、今後の施策につながる重要なポイントが見えてきます。

クライアントと一緒にＥＤＡを行うことで、クライアントと感覚が一致しているかを探ることもできます。例えば、「これは未知の感染症が拡大している現在だから起こっている特殊なことだ」といったことも、クライアントとＥＤＡを行うことで明らかになります。

モデリング－(狭義の) モデリング

続く「(狭義の) モデリング」ステップでは、適切なアルゴリズムでデータ学習させ、モデルを構築します。１つのプロジェクトで使用するアルゴリズムも1つや２つではなく、10個以上に及ぶことがあります。

アルゴリズムに関しては日進月歩であり、私たち自身で新しいアルゴリズムを創り出すこともあります。

アルゴリズムの使い方にもノウハウがあります。デシジョンツリー（決定木）を例に取ると（図表6）、データ構造としての木（ツリー）の深さは人間が決めなければなりません。このようなパラメータをハイパーパラメータといいますが、その決め方にもノウハウがあるのです。

［図表6］デシジョンツリーとディープラーニング

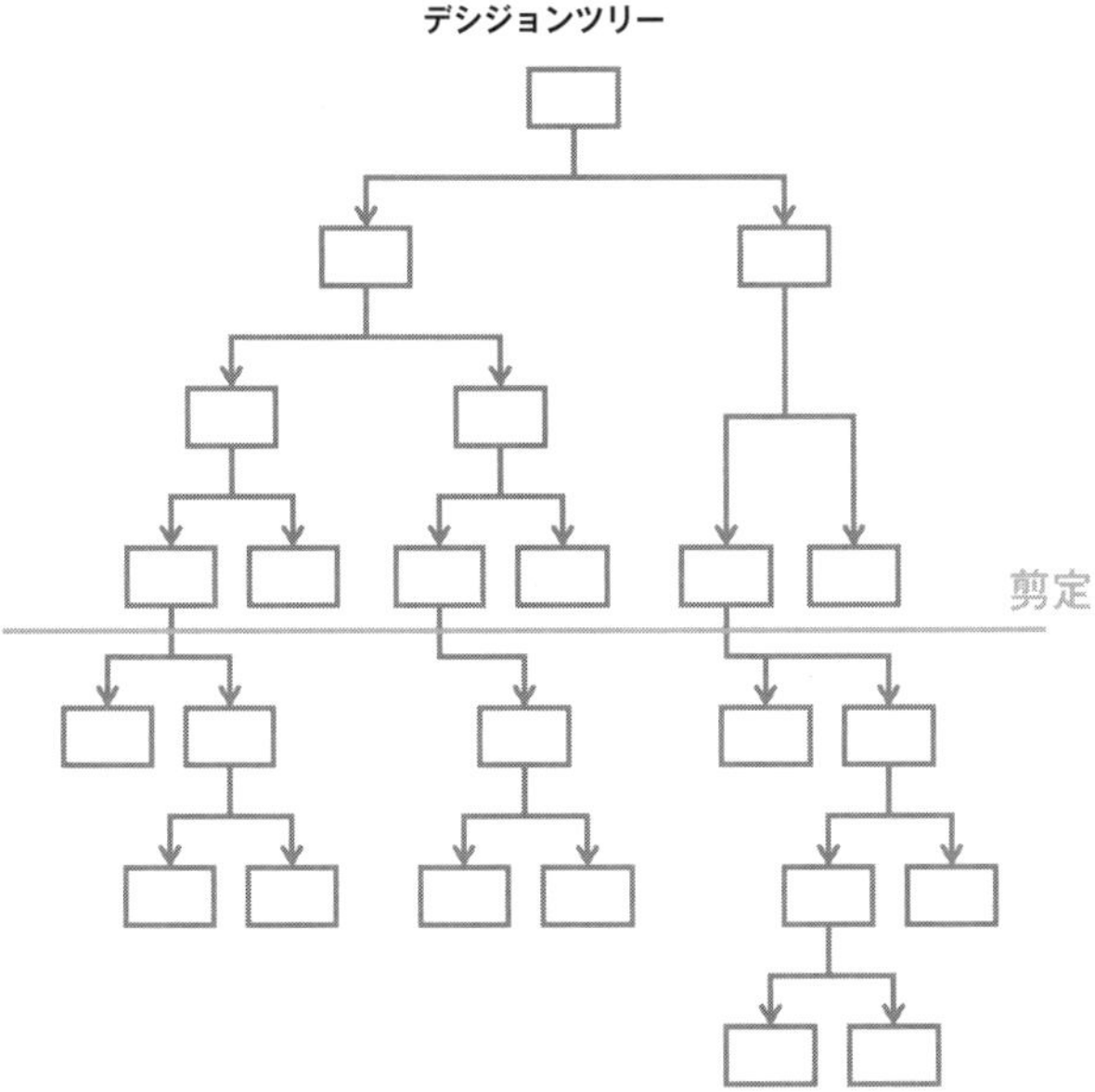

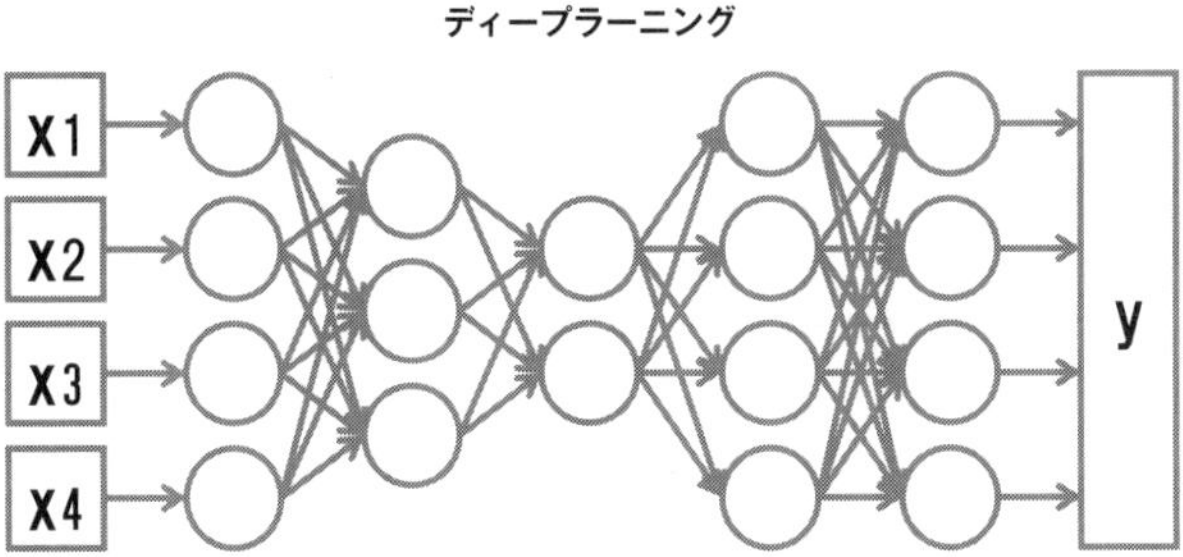

ディープラーニングも同様で、ニューラルネットワークの構成をどうするか、何層にするかなどのハイパーパラメータがあり、ある程度は自動化されてきていますが、最終的には人間が決めることに変わりありません。

またアルゴリズムにはそれぞれ得意分野があり、課題解決のためにどのアルゴリズムを選択するかについてもノウハウが必要です。また異なるアルゴリズムから作成したモデルを複数組み合わせて、性能向上を図ることも珍しくありません。

このようにさまざまな知識とノウハウを駆使してモデルを作成するわけですが、作成後にはバリデーション（検証）が必要になります。具体的には次のような作業になります。

まずデータを、学習用と検証用とテスト用に分けます。学習用はモデリングのために使います。またテスト用は次の性能評価ステップで使用します。バリデーションで使うのは検証用データで、これを学習済みのモデルに入力し、出力結果を見て、ハイパーパラメータを調整します。ハイパーパラメータを調整したら、また学習させてモデルを作り直し、検証用データで確認します。これを繰り返して、モデルの精度を高めていきます。

バリデーションをどこまで繰り返すかは、手持ちデータの質と量で精度の限界値を算出できますので、その値に達するまで繰り返すことが多くなります。ただし案件の内容によっては限界値までの精度を求めないことがありますので、その場合は案件の求める精度が出たら終了します。その案件でどのぐらいの精度を求めるかは、「分析の問題設定」ステップで決めておきます。

モデリング－性能評価

続く「性能評価」ステップでは、「統計モデルの結果から、精度やデータの特徴を把握」します。

バリデーションでモデルの精度が高まるのに、なぜそのあとに性能評価をするのでしょうか。それはバリデーションを実施した結果、モデルのパラメータが検証用データに最適化されるため、ほかのデータで精度が出ないことがあるからです。そこで、「モデリング」の項で説明した、まったく手付かずのテストデータを用意しておき、それを用いてモデルの性能を評価するわけです。

性能評価に用いる指標は問題設定によりさまざまです。「テーブルデータ」の「分類問題」であればROC－AUC（ROC曲線のArea Under the Curve）やLogLossなど、「回帰問題」であればRMSE（平均平方二乗誤差）やMAE（平均絶対誤差）など、「画像・映像データ」の「物体検出」であればmAP（mean Average Precision）、AP（Average Precision）などを用いて評価することが多いです。とはいえ、「分類問題なのでROC－AUC」という決まりがあるわけではなく、解決したい課題に合わせて適切に選択することが重要です。

性能評価で達成すべき値は「分析の問題設定」ステップで決めておきます。性能評価の結果、達成すべき値に届かない場合は届くまで試行錯誤します。データを増やす必要があると判断すれば「データ収集／読み込み」ステップまで戻りますし、特徴量に問題があると判断すれば、「特徴量作成／変換／選択＋EDA」ステップまで戻ります。

評価結果が目標に達したら、性能評価報告書を作成し、クライアントと性能評価の結果を共有します。例えば与信判断でもマーケティングでも、属性情報などでグループ分けしますが、このグループでは精度が高いが、このグループに対しては精度が落ちるなどということも性能評価すれば分かります。それで本当にビジネス課題が解決できるかをクライアントと一緒に判断するのです。

活用－経営・事業判断～施策立案

「性能評価」ステップまでがモデリングのフェーズとなり、ここから以降はモデリングの後段工程である活用フェーズとなります。「モデリング屋」の仕事はモデリングだけで終わりですが、クライアントは活用までしっかり面倒を見てくれるデータサイエンティストを求めています。

「経営・事業判断～施策立案」ステップでは、「分析結果から読み取れる示唆を出し、施策を立案」します。

問題設定フェーズの「ビジネス課題の抽出」ステップから活用フェーズの「経営・事業判断～施策立案」ステップまでは、週1回程度の定期ミーティングを継続します。期間はだいたい3カ月～6カ月です。

実行または実行見送りが決定したら、プロジェクト最終報告会を開き、経営層に成果報告と今後の方針を説明します。

活用－システム化

ビジネス課題の解決として、モデルを1回使えば終わるケースがあります。このような場合にはシステム化は伴いません。

しかし、なかには毎日、毎週、毎月処理するなど定例化したいケースもあるでしょう。また問題が発生する都度、画面から実行したいケースもあるでしょう。そうした場合には自動起動やユーザー起動が可能になるようシステム化を実施します。

システム化に関しては、ITエンジニアとしてのスキルが求められます。情報システム部門と連携して、モデルをユーザーが操作できるアプリケーションソフトに組み込んで導入し、本番リリースします。

私たちの考えるアナリティクスの説明は以上です。モデリング以外の仕事が多々あること、あらゆるステップでコンサルタント的な資質である業務知識とビジネス成果を得たいと考える気持ちが必要なことがお分かりいただけたと思います。

効率化の考え方

世の中には似たような課題が多いので、課題ごとにパッケージ化しておくと効率化が図れます。例えば与信審査パッケージや不正検知パッケージといった具合です。実際、ヒアリング内容やＷＢＳ（Work Breakdown Structure）、利用可能なアルゴリズムなどの共通化は可能であり、私たちも共通化可能な部分はできるだけパッケージ化しています。またプロジェクトが完了するたびにパッケージもブラッシュアップされ、経験を積むたびにさらなる効率化が可能になっています。

しかしながら、ビジネス課題もデータも会社ごとに違います。したがってこれらについてのパッケージ化は不可能であり、どうしてもオーダーメイドで進めざるを得ません。

それでも課題ごとにプロジェクトのパッケージ化をしておくことで、高度なアナリティクスが３カ月～６カ月で完了することになります。このスピード感を可能にするためには、フェーズごとに分割せず一気通貫に実施することが大切です。

アナリティクスには、大きく問題設定、モデリング、実装の３つのフェーズがありました。「モデリング屋」に仕事を依頼する場合は、モデリングしかできないため、問題設定は業界コンサルタント、実装はシステムコンサルタントやITエンジニアに別途依頼する必要がありました。つまりフェーズを分けて発注しなければなりませんでした。

しかし問題設定とモデリング、実装の3つのフェーズは分かち難く密接に関係しており、これらを分割発注するとなれば、引き継ぎだけでもけっこうな時間が必要になります。1社に発注すれば3カ月で完了するような案件が、引き継ぎのためだけに2週間～4週間を要するとしたら、こんな時間のムダはありません。

特にアナリティクスは迅速性が求められる仕事です。2週間の遅れで機会損失につながるかもしれません。スピードを重視するのであれば、1社で全ステップを完了できるデータサイエンティストが集まっている会社に依頼するほうが有利です。したがってそのような会社に仕事が集まり、そこに所属するアナリティクスの全ステップに精通しているデータサイエンティストの市場価値も当然高まります。

一方で、いくら業務に精通していてもモデリングが分からないコンサルタントに、ビジネス課題の抽出まではできても、分析の問題設定は難しいでしょう。実装に関しても機械学習モデリングのことが分からないＩＴエンジニアにはやはり難しいはずです。モデリング自体が高度な能力を必要とするので、その素養がないコンサルタントやＩＴエンジニアが関わると効率が悪くなります。

最大の効率化を実現しようと思ったら、コンサルタントやＩＴエンジニアがもっとモデリングに精通するか、データサイエンティストがコンサルティングやＩＴに強くなるかしかありません。そしてアナリティクスに関していえば、データサイエンティストがコンサルティングやＩＴに強くなるほうが、その逆よりずっと容易だと考えられます。

［第3章］

データサイエンティストの市場価値を高めるコンサルティング能力

モデリングの技術知識だけではクライアントの役に立てない

第2章では、アナリティクスとはどのようなことかをステップ単位で解説しました。本章では、データサイエンティストが実際に実施しているコンサルティングについて、さらに詳しく解説していきます。

ここでは、実在する金融機関A社（仮称）の事例に沿って説明していきます。

A社では、社内およびグループ企業内に存在するさまざまなシステムのデータを統合されたデータベースプラットフォームに集約しようという構想をもっていました。

その際に提示された〝目的〟は以下のとおりでした。

・多岐にわたるシステムに都度ログインして必要な情報を取得していたのを1回のログインで参照可能にすること
・今まで取得できていなかったグループ内データを見られるようにすること
・BIツールによるビジネスの可視化を可能にすること

・データ×人工知能でビジネスを加速させること

データ統合はＤＸに取り組もうとする企業にとっては大前提の一つですから、多くの企業が取り組んでいます。Ａ社も時流に乗ろうとデータベースプラットフォーム構想を打ち出したのですが、この〝目的〟に具体性は見られませんでした。

例えば、「ＢＩツールによるビジネスの可視化」の部分については、集めたデータをどう活用するかについては何も決まっていないということです。「何がしたいのですか」と尋ねても「特に明確化されていない。それも含めて相談したい」とのこと。

データ統合をしたいのだが、統合後にどう活用するかは決まっていないという会社は、実は意外と多いのです。これはデータ活用全般でいえることで、例えばＳＮＳデータやＩｏＴ機器が送っているセンサーデータが将来的には必要になるだろうと考えてとりあえず蓄積しているのだが、どう使ったらいいか分からず、クラウドベンダーにストレージ料金を毎月払っているだけという話はよくあります。

データベースプラットフォームも将来的には必ず必要になるものです。したがって投資的に構築しておくという考え方もあながち間違ってはいませんが、無目的で作ってしまうことは、あとで大きな改修が必要になる可能性もあるのでお勧めできません。

以上のような背景で、データを集約したあとどのように活用したらいいかを、最初に検討することになりました。

ここで重要なことは、前述の「モデリング屋」では、このような相談に対して、あまり役に立てないということです。「モデリング屋」はクライアントに課題を明示してもらえないと、分析ができないからです。

目的と現状のギャップが課題ですから、このようなクライアントが目的を提示できないケースでは、当然ながら課題も存在しません。「モデリング屋」ではお手上げになってしまいます。しかしコンサルティング能力をもったデータサイエンティストであれば、クライアントが明確にできていない目的を明確にする支援ができるのです。

あるべき姿が何かを仮説立て、何がしたいかを聞き出し、具体的な課題を探る

このようなケースで私たちがまず行うことは、何がしたいのかを聞き出しながら、実際

の業務課題をすべて洗い出すことです。クライアントに何がしたいのか尋ねても特にないと言われるのは、何も材料がないとそうなるのであって、私たちはさまざまな事例をもっていますので、それらを活用します。

例えば「どこそこの会社ではこのようなことに活用していますが、御社はどうですか?」「このあたりの活用が進んでいる銀行業界では、こういう取り組みがされています。御社の課題解決にも活かせると思いますが、いかがですか?」というようにディスカッションすると、クライアントの頭の中にも具体的なイメージが湧いてきます。「それはいいね。当社でもやってみようか」「それはちょっと違うかな。だけどこの辺を変えたら当社でも使えそうだ」という具合に議論が活発になっていきます。

そのうち「それはうちでもやりたいのだが、この業界では実は……」「当社では、それができる人材がいないんだよなあ」といった具体的な課題も飛び出してくるようになります。こうしたディスカッションを丁寧に漏れなく実施していくことで、目的と課題が明らかになっていきます。

A社へのヒアリングの結果、全社にまたがる複数の課題を洗い出し、以下の課題から解消していくことにしました。

・融資審査の基準が均一化されていない
・未収・貸倒が発生し、そこでもコストが発生している
・リースなどの終了物件の売却時に大きな損失が発生している
・各案件の収益性がグループ全体でどうかが可視化されていない

具体的なToBeを決め、実行計画に落とし込む

課題が分かれば、それをどうやって解決するかの方針をつくれます。

A社のケースでは、「基幹システム・審査システム・CRMシステム・ワークフローシステムなどの情報をリアルタイムで統合データベースプラットフォームに集約し、集まった情報を基に人工知能モデルが案件のリスクやその他の不確定要素を推論し、BIツールを用いてリスクなどを加味したうえで案件の収益性を可視化する」仕組みを構築することに決まりました。とりあえずデータベースプラットフォームを作ろうと言っていた時と比

較すると、かなり具体的になってきたといえます。

具体的なＴｏＢｅが決まれば、次は実行計画に落とし込みます（図表7）。課題解決のための計画ですから、どういったツールを使うかも明確にしたうえで立案しています。図表7の一番左側の欄でいうと、一番下の「データ分析」は人工知能技術が担うパートであり、またその上の「採算管理表」はＢＩツールを使って実現するパートです。

ここまで具体的になれば、どのようなデータをどこから集めてくるかもイメージできています。少なくとも第1期プロジェクトで使用するデータについては明確になっており、まずはそのデータだけを集めて試験的にデータ統合を実現しようという計画になっています。第1期の成果を関係者と共有することで協力関係を築いていくことも、この計画には盛り込まれています。

具体的にどこで人工知能技術を使い、どこでＢＩを使うかという計画を立てられるのは、一般のコンサルタントではなく、コンサルティング能力をもったデータサイエンティストでないと難しいと考えられます。

[図表7] ハイレベル実行計画の例

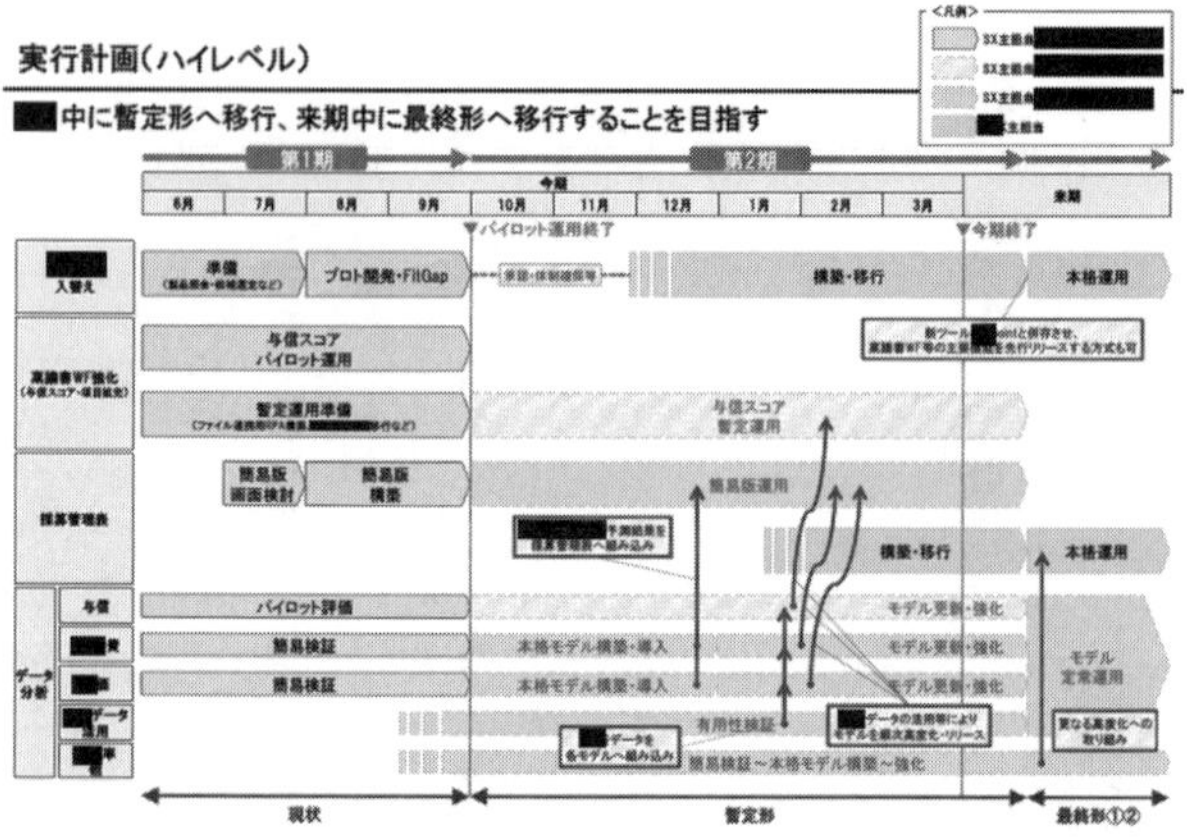

コンサルティングとは道筋を示し、都度是正すること

データサイエンティストに求められるコンサルティング能力のイメージを図表8にまとめてみました。

最初に実施すべきことは、クライアントの現状を把握し、目指す姿を明確にすることです。これを行うためには、今までの業務経験や事例の知識がものをいいます。もちろん業務知識や業界知識も必要です。

特にデータ活用に関しては、現状では経験の乏しい、あるいは未経験のクライアントがまだまだ多いのです。したがって、現

［図表8］データサイエンティストに必要なコンサルティング能力

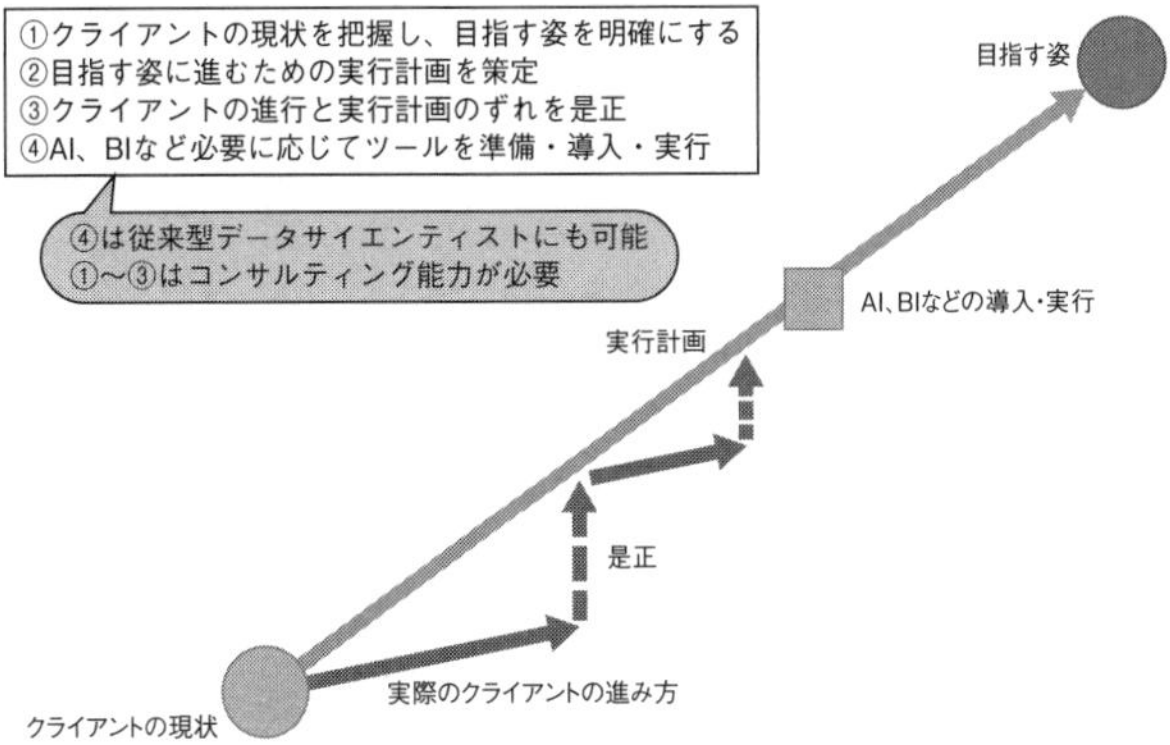
①クライアントの現状を把握し、目指す姿を明確にする
②目指す姿に進むための実行計画を策定
③クライアントの進行と実行計画のずれを是正
④AI、BIなど必要に応じてツールを準備・導入・実行
④は従来型データサイエンティストにも可能
①〜③はコンサルティング能力が必要
目指す姿
AI、BIなどの導入・実行
実行計画
是正
実際のクライアントの進み方
クライアントの現状

状把握と目指す姿の定義はクライアントから見たら、とても価値が高いものとなります。

目指す姿が決まれば、その実現のための方針や進め方を決めて、具体的な実行計画に落とし込みます。実行計画の段階で、どのようなツールを何のために使うかを明確にしておかないといけないので、これは一般のコンサルタントには難しく、データサイエンティストの知見が必要となります。

実際にプロジェクトが始まると、実行計画のとおりには進みません。それを適切なアドバイスによって是正することが求められます。データサイエンティストの知見とコンサルタントのコミュニケーション能力の両方が求められます。

またクライアントと一緒にプロジェクトを進めているなかで、必要に応じて分析作業を実施していくことが必要になります。

アナリティクスのプロジェクトを進めていくうえで、データサイエンティストに求められる仕事は大きく4つあるということになります。このうち最後の分析作業の実施は「モデリング屋」にも可能ですが、その他の3つの仕事はコンサルティング能力をもったデータサイエンティストにしかできません。

クライアントのレベルによらず是正できることが重要

クライアントにもさまざまなレベルがあります。現状がよく分かっていない会社もあれば、現状は分かっているが目指す姿が分からない会社もあります。目指す姿は分かっているが実行計画がしっかり立てられない会社もありますし、実行計画まではできているが、その計画では目指す姿にたどり着くのが難しいと思われる会社もあります。実行計画もしっかりしていて、分析作業の部分だけサポートしてくれればいいという会社もあります。

クライアントがどのレベルであろうと、現状把握、目指す姿の明確化、実行計画、是正、ツール活用のすべての能力を持ち合わせていないと、そもそもクライアントがどのレベルかも判断できません。またどんなプロジェクトでも計画どおりには進まないものであり、計画とのズレを是正する能力は不可欠です。

そのことを示すために別の事例を見てみましょう。個人向けに後払い決済サービスを提供しているB社がクライアントです。

後払い決済とは、顧客が商品を受け取って内容を確認してから代金を支払う方式で、返品の多いアパレル通販などでは多く利用されています。顧客にとっては、クレジットカードで決済だけされて商品が届かない通販詐欺に巻き込まれる可能性がないので安心です。

したがって企業にとっては支払方法として後払い決済を用意しておくことは売上増につながることになります。ただしクレジットカードと違って、顧客側に一定の支払手数料がかかるのが普通です。ほかにもクレジットカードと違うところは、保護者の承諾が必要ですが、未成年でも利用できることです。

後払い決済は、顧客の入金忘れや故意の未払いなどによる代金未回収リスク（貸し倒れリスク）が高いため、販売している会社自身では決済を行わず、B社のような後払い決済サービスを利用するのが普通です。

さて元々貸し倒れリスクの高い後払い決済サービスなので、B社もそのサービスを始めたままではよかったのですが、予想以上の貸し倒れが発生し、頭を抱えていました。貸し倒れリスクの高さゆえ限度額は1万円～20万円の間なのですが、それでもトータルすると巨額の貸倒額になっていたのです。

B社では与信枠を決める方法として、シンプルなルールベースのシステムを採用していました。これは8つの基準を順にチェックしていき、その組み合わせで顧客ランク（＝与信枠）を決める方式です。B社では貸し倒れを減らすために、ルールベースのチューニングに躍起になっていたのですが、効果が出ていませんでした。

実はB社には与信に使えるようなデータがありあまるほどあったのです。そこで私たちはモデルを使って、個別に与信を判定する方式を提案したのですが、なかなか受け入れられませんでした。機械学習が世に浸透する前であったこともあり、新たな方式への抵抗が強かったのか、B社はこのルールベース方式に強くこだわっていました。

そこで私たちは多少強引な進め方をすることにしました。B社にデータを使わせても

［図表9］ 与信モデル導入による効果

機械学習モデルを与信判断に適用することで、約1年で回収率が大幅に（5%以上）改善した

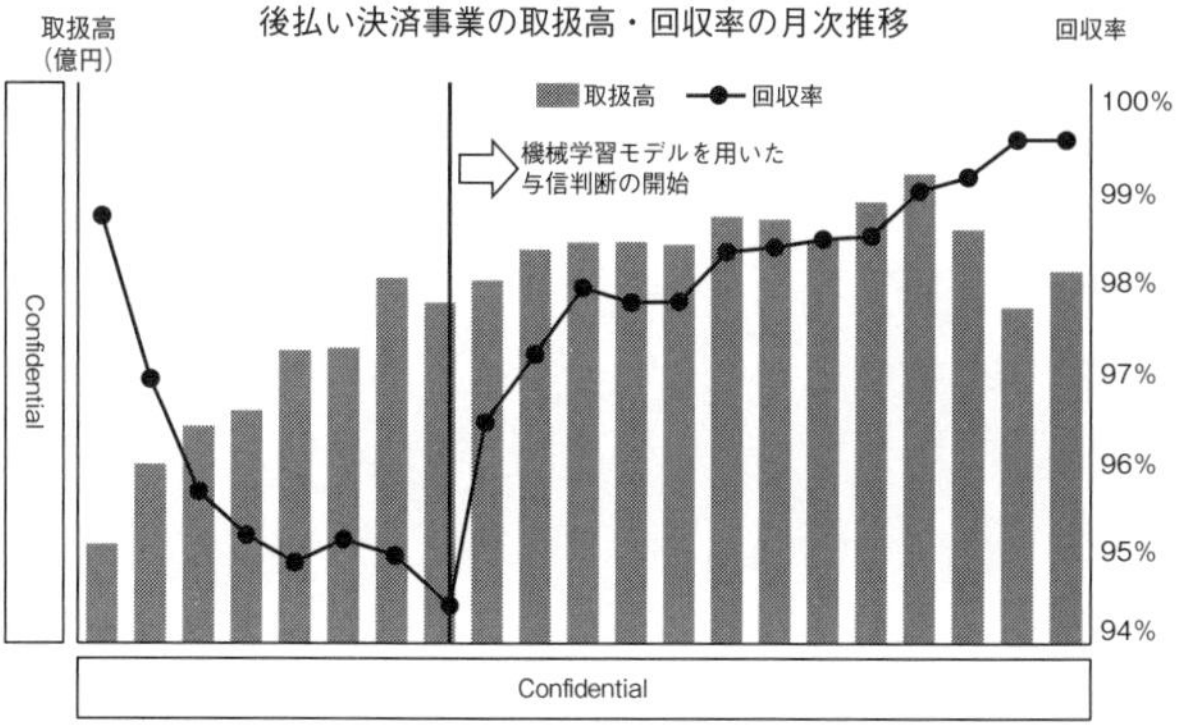

らって、モデルによる与信分析を試行してみたのです（図表9）。実際にやってみると、一時期94・4％まで下がった回収率が、モデルによって99・5％まで大幅に改善しました。この結果を見たB社は、機械学習モデル導入を正式決定したのでした。

B社の場合は、現状認識もしっかりしており、目指す姿もハッキリしていました。しかし効果の出ない方式にこだわり、そのチューニングにムダなコストを使っていたのです。B社の案件で必要なことは「是正」でした。

A社のような場合でもB社のような場合

でも、効果の出ない方向に向かっているときに、正しい方向に導けるかどうかが真のコンサルティング能力だと考えます。

コンサルティング能力をもつデータサイエンティストなら経営層にもなれる

もう一度、「データサイエンティストに必要なコンサルティング能力」の図表8（P71）を見てください。

現状（Ａｓ－Ｉｓ）を把握し、目指す姿（ＴｏＢｅ）を定義し、そのギャップを埋めるための具体的な道筋（＝計画）を提示するというのは、コンサルティングの基本であり、すべてのコンサルタントに求められる能力だといっていいでしょう。

「目指す姿」は、ビジネス目的と言い換えられます。ビジネス目的を果たすために、データを活用するということは、これはＤＸの実現といってもいいでしょう。ＤＸの実現により、各企業は強い競争力を手に入れることができ、収益や企業価値の増大につながっていきます。したがってＤＸの実現に携わることのできるデータサイエンティストの市場価値も大いに高まって当然だといえるでしょう。

一方で「分析作業の実施」しかできなければどうでしょう。ＤＸの実現に関してごく一部しか貢献できていないことは、図表８を見ればよく分かります。時代の要請に十分に応えられていないのですから、市場価値を高めるのは非常に困難です。

市場価値を高めるには、経営に参画することでより大きな社会貢献に携わりつつ、それに見合った報酬を得るという方法が考えられます。このキャリアパスを実現するのには、経営や事業を理解しているデータサイエンティストが向いていると考えます。ＣＤＯ（Chief Digital Officer）やＣＴＯ（Chief Technology Officer）はもちろん、今後はＣＥＯ（Chief Executive Officer）になるデータサイエンティストも増えていくのではないでしょうか。

ほかのコンサルタントとの違い

データサイエンティストとほかのコンサルタントとは何が違うのかについて、別の視点で考えてみましょう。

まず共通して存在するのが「コンサルタント」という概念だと思います。コンサルタントとは、クライアントの課題やニーズを聞き出し、解決策をクライアントとともに考える人です。

　コンサルタントの種類は、解決の方向性で分かれるのだと考えます。例えばＩＴやシステム構築で解決できるのであればシステムコンサルタント、戦略立案で解決できるのであれば戦略コンサルタント、業務改革・改善で解決できるのであればインダストリーコンサルタント、セールスやマーケティングの改善で解決できるのであればセールスコンサルタントやマーケティングコンサルタントという具合です。

　アナリティクスで解決できるなら「アナリティクスコンサルタント」という呼び名のほうがふさわしいかもしれませんが、一般的な言葉ではありません。一方で、すでにデータサイエンティストという職業名があるので、コンサルティングもデータサイエンティストが担えばいいと思うのです。

　ところで、解決の方向性ごとに違うコンサルタントがいるということならば、その解決の方向性は誰が見極めるのでしょうか。それは「目利きの人」がやればいいとしか答えられません。昨今、「データドリブン経営」や「デジタルトランスフォーメーション経営」

という言葉をよく聞くようになりました。いずれにしても、データに基づいた経営が求められているのです。このような時代においては、「データの目利き」であるデータサイエンティストに、この解決の方向性の見極めについて最初に相談するのが良策ではないでしょうか。

私たちに相談がくる案件のすべてで機械学習モデルを作成する必要があるかといえば、そんなことはありません。RPA（Robotic Process Automation）で解決する案件もありますし、従来のシステム開発で解決する案件もあります。システム開発に及ばず、業務プロセスの改善だけで解決するケースもあります。

だから私たちもなんでもかんでもモデル作成につなげようとは考えていません。一般的なITツールで解決するのであれば、最適なツールの選定をサポートし、信頼できるベンダーを紹介します。その際に、PMO（Project Management Office／プロジェクト管理事務局）としてプロジェクトの完遂を支援することもあります。

大切なのはアナリティクスを実施することではなくて、クライアントの問題を解決することなのです。

「モデリング」に関してもコンサルティングの有無で顧客満足度は違う

アナリティクスの説明で、「モデリング」は大きく3つあるアナリティクスの一つのフェーズに過ぎないことを示しました。これは、「モデリング屋」の仕事は、アナリティクスの中心的な仕事ではあるが、一部でしかない範囲だということです。

しかも、そのモデリングのフェーズにおいても「モデリング屋」とデータサイエンティストの仕事内容には大きな違いがあることも説明しました。それが顧客満足度の大きな差となっています。もちろん顧客満足度が高いのはデータサイエンティストであり、その差は市場価値の差につながります。

もう少し、例を挙げて説明しましょう。モデリングの最後のステップは性能評価です。評価内容をレポートにまとめて、クライアントに報告する必要があります。そのレポートの書き方や説明の仕方にも、顧客満足度を高めるためのスキルやノウハウがあるのです。

まず文字や数式、数字の羅列では分かりにくいので、グラフを多用したビジュアルな報告書にすることが肝心です（図表10）。

[図表 10] 合成モデル性能評価 ～序列性能・予実一致度評価

序列性能・予実一致度ともに問題のない性能を示している(AUC0.74、KS0.378)

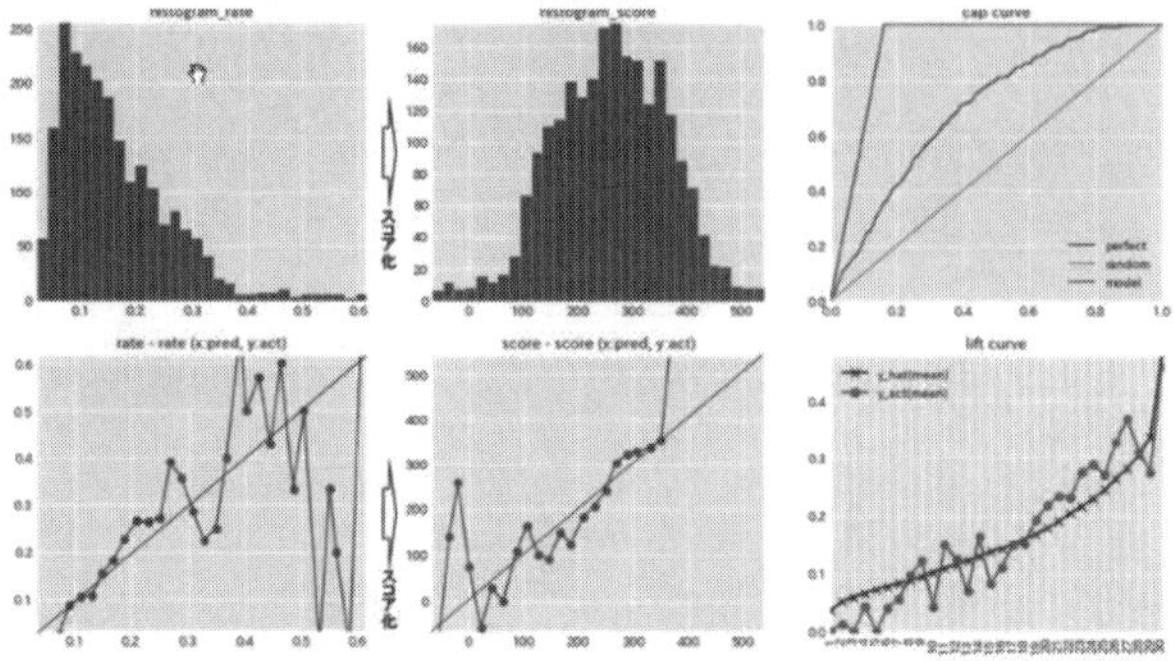

roc_auc	ar	pr_auc	ks	accuracy	precision	recall	f1
0.741	0.482	0.328	0.378	0.836	0.407	0.031	0.057
log_loss	brier	lift_10	life_20	lift_30	divergence	iv	
0.396	0.123	1.231	1.024	0.873	0.653	0.948	

ビジュアルな性能評価報告書を作ることは、「モデリング屋」も含むどのデータサイエンティストも実行していることだと思います。しかしコンサルティングもできるデータサイエンティストであれば、性能評価指標についても図やグラフを使ってビジュアルに説明することを心掛けます。クライアント側のメンバーや経営者は、性能評価指標に慣れていないからです。

性能評価報告会には当然クライアント側のプロジェクトメンバーは参加しますが、経営者が参加するかどうかはケースバイケースです。それでも私たちが経営者にまで配慮するのは、プロジェクトメンバーが性能評価報告書を基に経営者に説明することが多いからです。

またＰｏＣ（概念実証）止まりの案件ばかりで、なかなかモデル導入に至らず、当然ながら経営課題の解決に至らない状況を「ＰｏＣ貧乏」といいますが、私たちの関わった案件の多くはモデル実装にまで進みます。実はＰｏＣ止まりになる理由として、有効だと分かってもなかなか経営層を納得させることができないためであることも多いのです。このように経営層に通じる言葉で報告書を書くことができることも、ビジネス課題の解決には重要なことです。

活用フェーズでもコンサルタント的な視点が求められる

活用フェーズのなかでも「経営・事業判断～施策立案」（Ｐ57）はコンサルタント的視点が求められると述べました。詳細を以下に説明します。

与信モデルを例に説明しましょう。図表11のグラフをよく見ると、既存の格付けでは

［図表11］示唆出し

まずは、これまで見落としていた潜在優良層を育てていくことが重要

既存格付と本スコアの組み合わせ

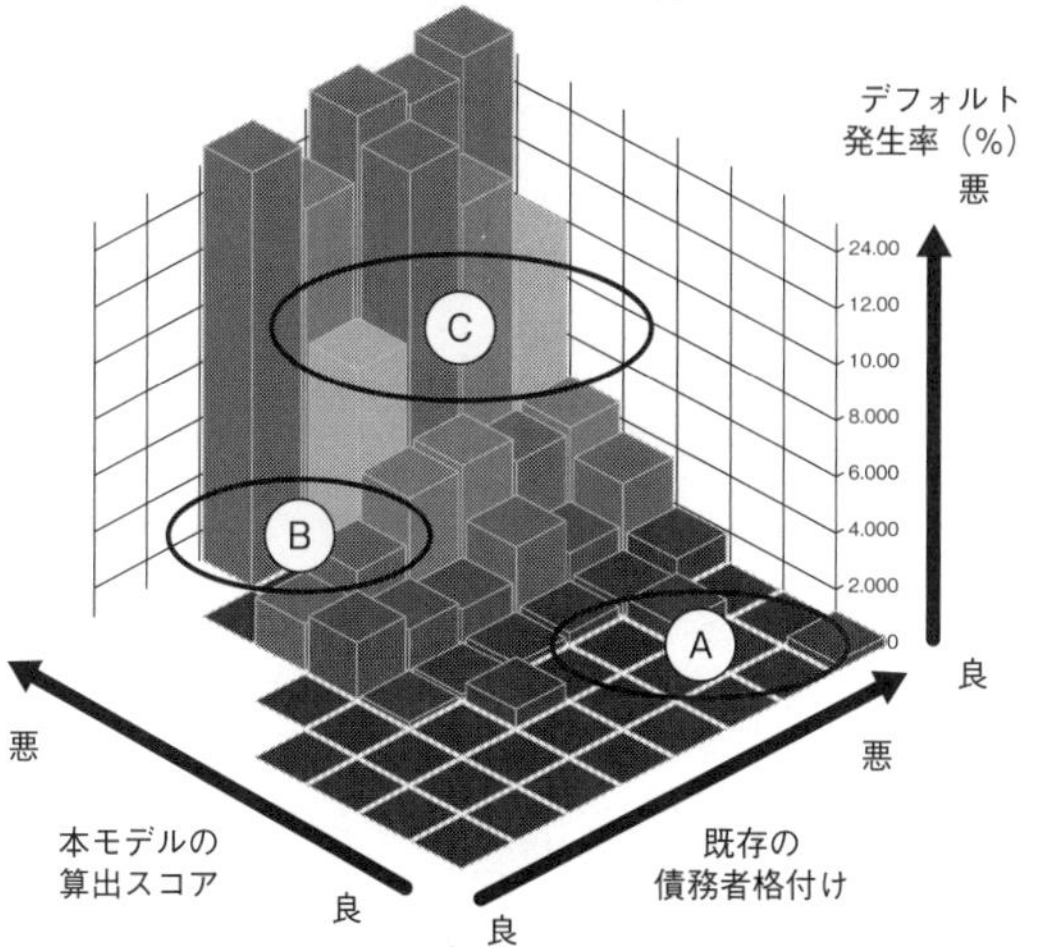

Ⓐ 既存格付：悪×本スコア：良⇒実績：良

既存格付でリスク層と判断していた
「潜在優良層」の発掘が可能

Ⓑ 既存格付：普通×本スコア：悪⇒実績：悪

既存格付で普通と判断していた
「潜在リスク層」の発掘が可能

Ⓒ 既存格付：悪×本スコア：悪⇒実績：悪

より精緻にリスクが把握できるようになる
ため、「超高リスク層」の識別が可能

「悪」になっているのに、モデルの格付けでは「良」になっている層（A）があります。デフォルト（貸し倒れ）発生率も低いので、これは潜在優良層といえます。一方既存格付では、「普通」ですがモデルの格付けでは「悪」になっていて、デフォルト発生率も高い層（B）があります。これは潜在リスク層といえます。また既存でもモデルでも格付けが「悪」の層（C）があり、デフォルト発生率ももちろん高いのですが、これは超高リスク層といえます。

こうして得られた知見に基づいて実際の施策を立案していきます。例えば、A層に対して、積極的に売っていく新商品を作る、B層に対しては与信額の引き下げ、C層に対しては新規貸し出しの停止などが施策となります。

こうした判断をモデルで自動処理する際には、しきい値を決める必要があります。例えば与信判断であれば、可決・条件付き可決・否決の3種類の判断があり、それぞれモデルが何%以上確実と判断すれば自動処理するかを決めなければいけません。

それぞれのしきい値を下げれば自動処理のカバー率が上がりますが、当然リスクは大きくなります。しきい値を上げればカバー率は下がりますが、リスクは小さくなります。つまり効率化と正解率がトレードオフの関係になっているということであり、どのあたりでバランスを取るのかを人間が決めないといけないわけです。こうした判断が施策立案のなかでは重要になります。

その際、データサイエンティストは「正解率90%を求めると、自動処理のカバー率は45%程度となり、人件費に換算すると年1000万円、一方システムのコストは年700万円になります」といった情報を提示できなければなりません。ビジネスにおける意思決定に必要な情報を提示するということであり、そのようなことができるにはコンサルティング能力が必要なのです。

分析結果を価値に変えるためにはコミュニケーション能力が必要

性能評価報告書をベースに経営者に対してどのような説明をするか、その際に心掛けることは何かについて説明しました。このような説明・配慮は問題設定のフェーズすなわちビジネス課題抽出においても、分析の問題設定においてもずっと必要なことです。

具体的にいえば、「論理的に考える力」を土台とした「聞く力」、「読む力」、「話す力」、

「書く力」の4つの力が必要であり、これらの力を駆使して、何をすることが価値につながるかをクライアントに説明し、納得させて、巻き込むことが必要だということです。こうすることで、初めて分析を価値に変えることができるからです。

この「聞く力」、「読む力」、「話す力」、「書く力」の4つの力は、一般的にコミュニケーション能力といわれます。

本書を制作するにあたって、IT分野やアナリティクスに関する仕事を多数経験してきた編集者と話をして知ったことがあります。それは一般の人から見ると、データサイエンティストは高い専門性をもつ代わりに、コミュニケーションが苦手という認識があるということです。

たしかにいわれてみると、私たちの会社でもデータサイエンティストのキャリア採用を数多く実施していますが、コミュニケーションスキルが高いとはいえない人も時々います。

ですが「スキル」なので、意識的に訓練すれば身につくものです。したがってコミュニケーションスキルが現時点で低いというだけでは不採用とはしません。入社してからでも身につけてもらうことは可能です。

コミュニケーション能力はどうやって身につけるのか

私たちがコミュニケーション能力を高めるために常に心掛けていることをお話ししましょう。

「コミュニケーション」というと難しく感じるかもしれませんが、ビジネスの基礎スキルであることに間違いありません。そして前述したように、「聞く力」、「読む力」、「話す力」、「書く力」の4つの力に分解することができます。

私たちが人の話を聞いたり、資料を読んだりするのは何のためでしょうか。それは相手が本当に求めていることを知るためです。ビジネスであれば、相手の本当の課題を知ることです。課題が分かればその解決策を考えるためにさらにインプットします。アウトプットはどうでしょう。話したり、書いたりするのは解決策を示すためです。となると、自分が話したり、書いたりすることで相手にとってどんなメリットがあるのか、相手はその話を聞いてうれしいのかといったことを意識しなければなりません。

結局は、相手の立場に立って聞き、話すということに尽きるのです。自分の知識前提で話をすれば相手には通じません。相手の知識前提に立って話せば通じます。であれば聞くときは、まずは相手を理解することに努めなければなりません。相手を理解しなければ知識前提は分からないからです。

こちらが話しているときに、相手がどこまで理解しているかを知るにはどうしたらいいでしょうか。それは適切なタイミングで、相手に確認すればいいだけです。対話や会話であれば、相手が理解したかどうかが分かるような質問をします。同じことを違う角度から質問してみれば相手の理解度が測れます。講演会やプレゼンテーションであれば、聴衆の反応を都度確認します。理解しているかどうかは表情を見ればだいたい分かります。聴衆に向かって理解しているかが分かる質問をする手もあります。

相手のしぐさからも理解しているか、そもそも話に興味があるかなどが分かります。真剣な目つきでこちらを見ていたり、体を乗り出していたり、しっかりメモを取っていたり、うなずきながら聞いていたりするのであれば、間違いなく話に興味があります。理解度もおおむね高いと考えられます。最近ウェブでの講演が増えていますが、相手の反応が見えないのでやはり不安になります。ということは、逆に普段は聴衆をしっかり見ているということです。

まとめると、相手の立場で「聞く・読む・話す・書く」を実践することと、相手が理解しているかを要所要所で確認すること――この2つを常に実践することがコミュニケーションの上達につながるということです。

コミュニケーションに関する教育

コミュニケーションの上達には実践が欠かせないという話をしましたが、基礎的な教育も必要です。

私たちも受講したことがありますが、ロジカルプレゼンテーションや論理的な資料の作成法など一般的な研修に参加することも必要だと思います。そのうえで実践が大切なことは変わりません。そこで上司であれば、部下の資料やプレゼンテーションにはできるだけ目を通し、フィードバックすることも必要です。

「1枚ものの企画書」を書くのも良い訓練になります。上司であれば、部下が書いてきた企画書を見ながら、「これは誰がうれしいの？」「何のために作ろうとしているの？」ということ、つまりターゲットと目的をしつこく質問します。部下はこれによって、「相手の立場で『聞く・読む・話す・書く』の実践」において何が足りなかったかを理解することができます。

グループ会議での案件状況説明も、コミュニケーションの実践として重要な機会となります。細かいテクニカルな話に終始していたら、「その機能の何がうれしいの？」「お客さまの何が良くなるの？」ということを質問するといいでしょう。部下は、その質問に対して「それによってモデルのパフォーマンスが向上し、お客さまが喜んでいます」といった回答をしがちです。そういうときには、しつこく「パフォーマンスが向上してビジネスの何が良くなるの？」「誰がどう喜ぶの？」とさらに質問を重ねます。このような実践を続けることで、次第にコミュニケーションスキルが身についていくものなのです。

さらにいうとプレゼンテーションは、高度なコミュニケーションスキルの集大成ではないでしょうか。

［第4章］

新たな事業戦略の提案で顧客の課題解決を目指す

――これからのデータサイエンティストに求められるスキルとは

データサイエンティストのもつべきスキルとキャリアパス

第2章ではデータサイエンティストの仕事の全貌について、第3章ではそのなかでもコンサルティングについて詳しく説明しました。第4章では、第2章および第3章で示してきたコンサルティングもできるデータサイエンティストが身につけておくべきスキルとキャリアパスについて解説します。

図表12は「データサイエンティストがもつべきスキルとそのキャリアパス」を提示したものです。つまりモデリング能力だけでなくコンサルティング能力とITエンジニアの能力を併せ持ったデータサイエンティストに求められるスキルとそのキャリアパスです。

表内は、スキル領域とGradeのマトリクスになっています。

スキル領域としては、リーダー、プロジェクトマネジメント、モデリング、コンサルティング、システム企画、システム開発の6つがあります。

Gradeは1~4までの4段階で、数字が大きいほどGradeも高くなります。Grade1がアナリスト、2がスペシャリスト、3がマネージャー、4がディレクターです。一般的な言葉に言い換えると、1が「見習い」、2が「一人前」、3が「管理職」、4が「部門長以上」という感じでしょうか。スキル定義としては「入学方式」で、そのGradeのスキルをすべてもっていれば、そのGradeであるとみなします。ただしGrade1に関しては例外で、不足しているスキルがあり得ます。その際には研修・教育する必要があります。

この表を目標管理で使うのであれば、スキル項目をさらにブレイクダウンしたチェックリストを用意します。四半期に一度ぐらいの頻度で、チェックリストの項目を一つひとつ見ながら、上司が部下を評価しアドバイスする時間を設けるといいでしょう。

以下、図表12のスキル領域を順に見ていきましょう。

リーダースキル

リーダースキルは人的スキルであり、牽引できるチームの大きさや質を表しています。

〈Grade1〉

「チームプレーができる」とありますが、これはいわゆるメンバーシップのことです。

Grade 3	Grade 4
・事業をドライブすることができる ・プロジェクト、クライアントの部長クラスをリードできる ・強固な自分の「チーム」を組成することができる ・自身の領域の案件提案ができる	・会社をドライブすることができる ・クライアントの役員以上のクラスをリードできる ・強固な「組織」を組成することができる ・AI領域の新テーマの案件を創出することができる
・プロジェクトのタスクをスケジュール化でき、オンスケ・オンクオリティ・オンバジェットで遂行できる ・複数案件やマルチベンダー案件、またあらゆる状況に対応・対処できる	・ー
・クライアント・競合を凌駕するデータ分析ができる（モデル構築・選定・実装、場合によっては簡易的なシステム・ツールの実装含む） ・最新のアナリティクス（アルゴリズム含む）を理解し、ビジネスに応用できる	・独自の分析手法を構築することができる ・アナリティクスにおいて外部に認められる能力がある(有名メディア露出、有名コンペ上位入賞、論文発表など)
・クライアントの潜在ニーズ・課題が把握できる ・エッジの効いた分析の観点・軸・考え方をもっている ・クライアントの役員・キーマンが満足する報告資料・プレゼンができる	・アナリティクス領域において、クライアントに「とるべき次の一手」を提言し、実行させることができる
・AIシステム活用戦略の立案ができる ・AIサービス・プロダクトを企画し、構築・展開させる計画を策定できる	・ー
・AIシステムのグランドデザインに対する助言ができる	・AIの実装・活用に関わる特許技術の開発ができる

［図表12］ 次世代データサイエンティストのスキルとキャリアパス

	Grade 1	Grade 2
リーダースキル	・チームプレーができる ・クライアントのスタッフクラスをリードできる	・チームプレーができる（育成含む） ・チーム、クライアントの課長クラスをリードできる
プロジェクトマネジメントスキル	・自身のタスクをスケジュール化でき、オンスケ・オンクオリティで遂行することができる	・チームのタスクをスケジュール化でき、オンスケ・オンクオリティで遂行することができる
データ分析スキル	・目的に応じたデータ収集・クレンジング・特徴量抽出ができ、基礎的なアルゴルズムを用いた統計解析ができる ・上記に必要な知識・ツール操作（BIツール/PGM言語）が身についている	・応用的なアルゴルズムを理解し、それを用いたデータ分析ができる ・クライアントが満足するモデルの構築・選定・実装ができる
コンサルティングスキル	・ロジカルシンキングができる ・収集した情報や分析結果から、適切な示唆を出し、的確に内容が伝わる1枚紙を作成することができる	・クライアントのニーズ・課題を把握し、それらを複数の問題に正しく落とし込むことができる ・論理的かつ明確な討議資料・定例資料を作成することができる
システム企画スキル	・新しい技術を調査し、報告できる	・AI技術をサービスに取り込むための提案・計画できる
システム開発スキル	・ネットワーク、DBなどの基礎的なIT知識を有し、簡易なWebシステムを構築することができる ・システム開発に関する知識およびツールの扱いができる	・ユーザーのニーズを満たしたAIシステムの設計・開発ができる

2～3人のほかのメンバーと共同で働くことができ、チームの中での自分の役割を自覚し、それをしっかりとこなし、上位者にしっかりと報連相できることが求められます。

アナリティクス・プロジェクトにおいては、クライアントのスタッフクラスに対応し、アナリティクスに関して相手をリードできなければなりません。

〈Ｇｒａｄｅ２〉

Ｇｒａｄｅ２の「チームプレーができる」は、２人以上のチームを率いてメンバーを使いこなすリーダーシップと、同じ階層のチームリーダーと協力しあって、さらに上位階層のチームに貢献するメンバーシップの両方を兼ね備えたものになります。

それだけではなく、Ｇｒａｄｅ２は「一人前」ですので、自分の配下のメンバーを育成することもできなければなりません。

アナリティクス・プロジェクトにおいてはチームレベルを率い、クライアントの役職でいえば課長クラスに対応し、アナリティクスに関して相手をリードできなければなりません。

〈Ｇｒａｄｅ３〉

Ｇｒａｄｅ３になると、単一のプロジェクトではなく、複数のプロジェクトを率いて、1つの事業を推進できなければなりません。

アナリティクス・プロジェクトにおいては自社側のリーダーとして、クライアントの役職でいえば部長クラスに対応し、アナリティクスに関して相手をリードできなければなりません。

管理職クラスとして、事業を推進するための強固なチームを作り上げなければなりません。

また事業を推進するために、自分の領域については自分で仕事を取ってくるという姿勢が必要とされ、案件提案も自分でできる必要があります。提案コンペも自らプレゼンテーションして勝ち取らなければなりません。

〈Ｇｒａｄｅ４〉

Ｇｒａｄｅ４になると、事業部長的な役割を担い、会社の経営に参画することができなければなりません。

クライアントに対しては事業パートナーとして、役員以上のクラスに対応し、アナリティクスに関して相手をリードできなければなりません。

また部門や事業部レベルの組織のリーダーとして、部下をまとめ上げ、高いモチベーションで働ける環境を用意できなければなりません。

さらにＡＩ関連の新しいテーマの案件を創出し、実際に事業化できる必要があります。

プロジェクトマネジメントスキル

プロジェクトマネジメントスキルは、リーダースキルと一見似ています。しかしこれは、リーダーに求められる「人間力」とは違い、プロジェクトをマネジメントするための「テクニカル」なスキルです。

〈Ｇｒａｄｅ１〉

プロジェクトメンバーである自分自身のスケジュールと成果物の品質管理ができなければなりません。チームリーダーから与えられたＴｏＤｏリストやＷＢＳを詳細化し、日程表レベルに落とし込んで、ＱＣＤをしっかり守って仕事を進められなければなりません。

〈Grade2〉

チームリーダーとして、プロジェクト全体計画を基に、チーム全体のToDoリストとWBSを作成し、チームのタスクをスケジュール管理できなければなりません。チームビルディングにおいてクライアントをリードし、プロジェクトの進行に貢献することが求められます。

〈Grade3〉

プロジェクトリーダーとして、プロジェクト全体の計画を策定し、QCDのすべてを決められた範囲内に保ちつつ、プロジェクトを最後まで率いることができる能力が必要です。クライアントのキーマンとはいつでも親密なコミュニケーションが図れるだけの関係性を構築し、維持できることが求められます。

複数のプロジェクトを率いることができ、複数のベンダーをコントロールできなければなりません。さらに想定外の状況にも対応できることが求められます。

「想定外」というからには、一方で「想定内」があるということです。これは言い換えると「リスクマネジメント計画」が立てられるということです。実際に想定外のことが発生した場合に、関係者がそれを想定外だと認めてくれるには、リスクマネジメント計画立案の際にどれだけ多くのリスクを洗い出せていたかにかかっています。明らかな漏れを「想定外」だと言い張ると、非難を浴びることになります。

〈Grade4〉

Grade4はプロジェクトではなく、事業の牽引を求められるので、プロジェクトマネジメントスキルに関しての要請はありません。

データ分析スキル

データ分析スキルは、その名のとおりデータ分析のスキルです。その意味では、「モデリング屋」も当然身につけておくべきスキルです。しかしGrade3以上は、第1章の「『モデリング屋』とデータサイエンティストの違い」に述べたとおり、「モデルに関しても、常に最先端を追求し、自分でもアルゴリズムを生み出していく姿勢」が求められます。

〈Grade1〉

ビジネス目的に応じたデータ収集・クレンジング・特徴量抽出ができ、基礎的なアルゴリズムを用いた統計解析ができる必要があります。
そのために必要な基礎知識、ＢＩツールで可能ならその操作、プログラミングが必要ならプログラミング言語などが身についていなければなりません。

〈Ｇｒａｄｅ２〉

Ｇｒａｄｅ１よりは高度な応用的アルゴリズムを理解し、それを用いた機械学習モデルを作成できる必要があります。
ただ高度なアルゴリズムが分かるだけでは意味がありません。そうしたアルゴリズムを用いてクライアントが満足するモデルを作れなければなりません。「クライアントが満足する」とは具体的には、第２章の「性能評価」（Ｐ55）で説明した目標値を満足することであり、その目標値は「ビジネス課題の抽出」のステップでクライアントと一緒に設定したものとなります。

〈Ｇｒａｄｅ３〉

クライアントや競合を上回るレベルのデータ分析ができなければなりません。データ分析の手段としては、モデルを自分で構築してもいいですし、すでにあるモデルを探してきて実装してもいいです。また、モデルだけでなく簡易なシステムを実装してもいいですし、既存のツールを調達してきて導入してもかまいません。

また最新のデータ分析の動向を理解し、現在ある最高の手法でビジネス目的を達成するための提案ができなければなりません。

〈Grade4〉

Grade3ではすでに存在する最高の手法が提案できればよかったのですが、Grade4ではさらに一歩進んで、自分の手で最高の手法を編み出すことが求められます。新しいアルゴリズムをゼロから発明できれば最高ですが、既存のアルゴリズムを改良し発展させたものでも十分です。

また日本有数あるいはグローバルなアナリティクス専門誌やビジネス雑誌などに露出したり、国内外の有名コンペで上位入賞したり、多くの人に引用される論文を発表したりなど、データ分析の世界や一般ビジネスの世界で社外から認められる活躍をすることも期待されます。

コンサルティングスキル

コンサルティングスキルはアナリティクス領域におけるコンサルタントがもつべきスキルです。(「モデリング屋」ではない)データサイエンティストが、「モデリング屋」よりも高い市場価値をもっているのは、主にコンサルティングスキルをもっているからです。

〈Grade1〉

コンサルタントとしての基本中の基本である「ロジカルシンキングができること」がまず求められます。ロジカルシンキングについては、本章で後述します。

コンサルタントの基本はもう1つあります。それは収集した情報および分析結果から、適切な示唆を出し、的確に内容が伝わる資料が作れるということです。しかも1枚でまとめる能力が必要です。なぜならコンサルタントの作成した資料は最終的にはクライアントの経営層への説明資料として使われるからです。経営層は忙しく、分厚く文字だらけの資料に目を通している時間がありません。一目で的確に内容が伝わる資料が必要です。そのような資料の例を2つ示します(図表13、14)。

［図表 13］ 適切な示唆を出し、的確な内容が伝わる１枚もの資料の例（１）

まずは、現在過剰に支払っている集金代行単価を減らすべき

機能強化（賃貸）施策立案の考え方

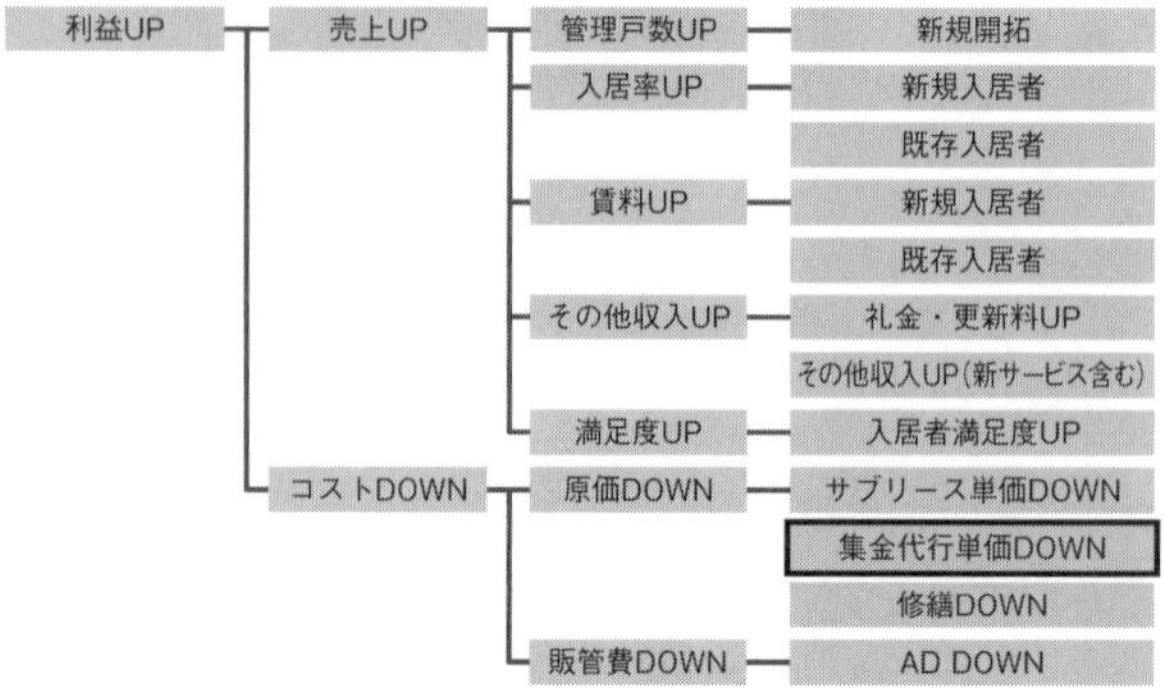

［図表 14］ 適切な示唆を出し、的確な内容が伝わる１枚もの資料の例（２）

目的なき戦略会議・レビュー等の無意味な本部長サポートは業績の低下につながる

営業本部長による支店長・課長サポートの状況

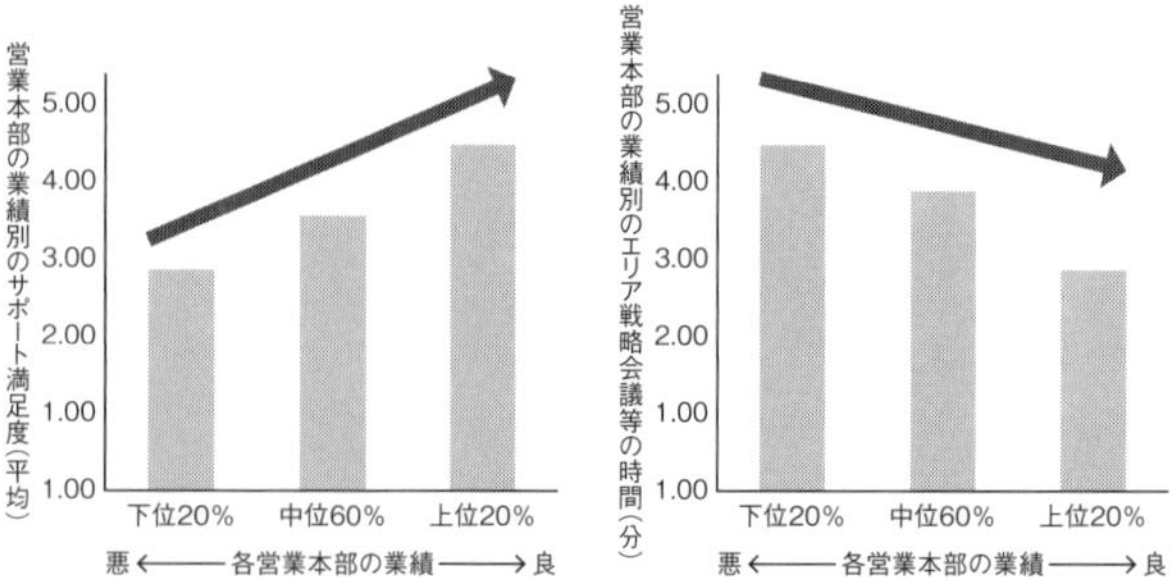

図表13を見れば、利益向上のためには売上向上からコスト削減の2種類の方向性があり、それぞれの施策のパターンとパターンごとの具体的な施策が一目で分かります。

また図表14を見れば、本部長サポートの重要性と、そのサポートを会議で行う無意味さが一目で伝わります。


〈Grade2〉


クライアントのニーズ・課題を把握し、それらを複数の問題に正しく落とし込むことができなければなりません。その具体的な内容は、「あるべき姿が何かを仮説立て、何がしたいかを聞き出し、具体的な課題を探る」（P66）に示しました。

クライアントとコミュニケーションするためには、論理的かつ明確な討議資料や定例資料を作成できなければなりません。この能力も必要です。

論理的かつ明確な討議資料の例を示します（図表15）。

この資料の上段を見れば、この10年で営業のローパフォーマーがかなり増えていることが明確であり、なんらかの施策を打たないとクライアントの営業パフォーマンスがこの先さらに衰えていくことが分かります。

［図表 15］ 論理的かつ明確な討議資料の例

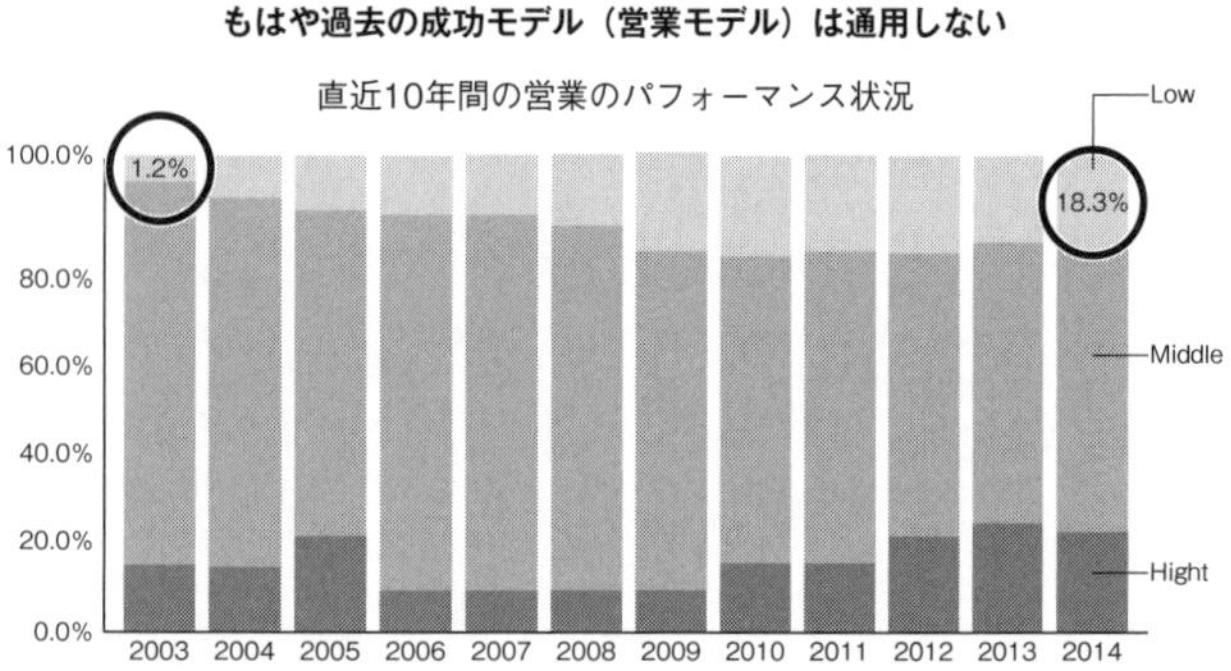
もはや過去の成功モデル（営業モデル）は通用しない
直近10年間の営業のパフォーマンス状況
100.0%
80.0%
60.0%
40.0%
20.0%
0.0%
1.2%
18.3%
Low
Middle
Hight
2003
2004
2005
2006
2007
2008
2009
2010
2011
2012
2013
2014

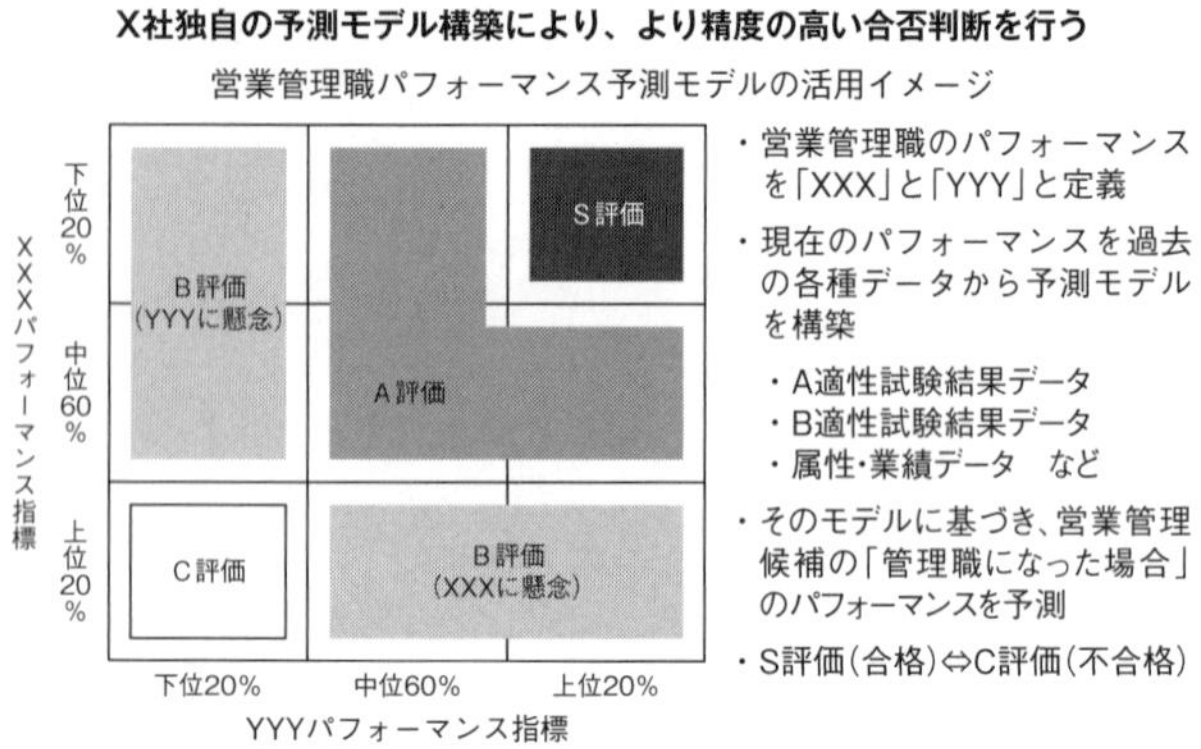
X社独自の予測モデル構築により、より精度の高い合否判断を行う
営業管理職パフォーマンス予測モデルの活用イメージ
XXXパフォーマンス指標
下位20%
中位60%
上位20%
B評価（YYYに懸念）
A評価
S評価
C評価
B評価（XXXに懸念）
下位20%
中位60%
上位20%
YYYパフォーマンス指標
・営業管理職のパフォーマンスを「XXX」と「YYY」と定義
・現在のパフォーマンスを過去の各種データから予測モデルを構築
・A適性試験結果データ
・B適性試験結果データ
・属性・業績データ　など
・そのモデルに基づき、営業管理候補の「管理職になった場合」のパフォーマンスを予測
・S評価（合格）⇔C評価（不合格）

また下段を見れば、具体的な施策として、「まず営業管理職のパフォーマンスを予測するための2軸のパフォーマンス指標を見つけ出しましょう。次にその指標に基づいて営業管理職候補が実際に管理職になった場合のパフォーマンスを予測して昇格人事に活用してはどうでしょう」という提案をしていることが分かります。

こうした資料が用意できれば、クライアントとの意思疎通が容易になり、クライアントにもすばやく正しい意思決定をしてもらえるはずです。

〈Grade3〉

Grade3になると、クライアントが言語化したことの裏にある潜在ニーズを探って、正しい方向で課題設定ができなければなりません。クライアントが言っていることは主観的であり、正しくないことも多いですし、表現しきれていないことも多いのです。潜在ニーズを把握するためには仮説を立ててからクライアントにヒアリングし、仮説の正否を検証する力が必要です。

エッジの効いた分析の観点・軸・考え方をもっていることも求められます。これはインパクトのある「キラースライド」を作れる能力と言い換えることができます。見る者に突き刺さるような分析の切り口を示すセンスがなければできません。センスとはひきだしの数のことであり、類似の経験を数多く積んでいることから生まれます。

キラースライドの例を示します（図表16）。前後の流れがないため少し伝わりづらいかもしれませんが、これは所長クラスのローテーションが必要だということを示したスライドで、極めて強烈なインパクトをクライアント側に与えました。人事に関する提言なのでデリケートな面があり、なかなか採用が難しいのですが、ここまでデータでハッキリと示されると考えざるを得なくなります。

リーダースキルではＧｒａｄｅ３が対応するクライアントの階層は部長クラスでしたが、コンサルティングスキルでは役員クラスが満足する報告資料やプレゼンテーションができなければなりません。これは資料やプレゼンテーション内容は部長クラスと打ち合わせて作るにしても、部長に代わって役員に説明する必要があるからです。

〈Ｇｒａｄｅ４〉

Ｇｒａｄｅ４に求められるコンサルティングスキルはシンプルです。それはアナリティクスの領域においてクライアントの会社レベルを動かせるということです。それだけの信

［図表 16］ キラースライドの例

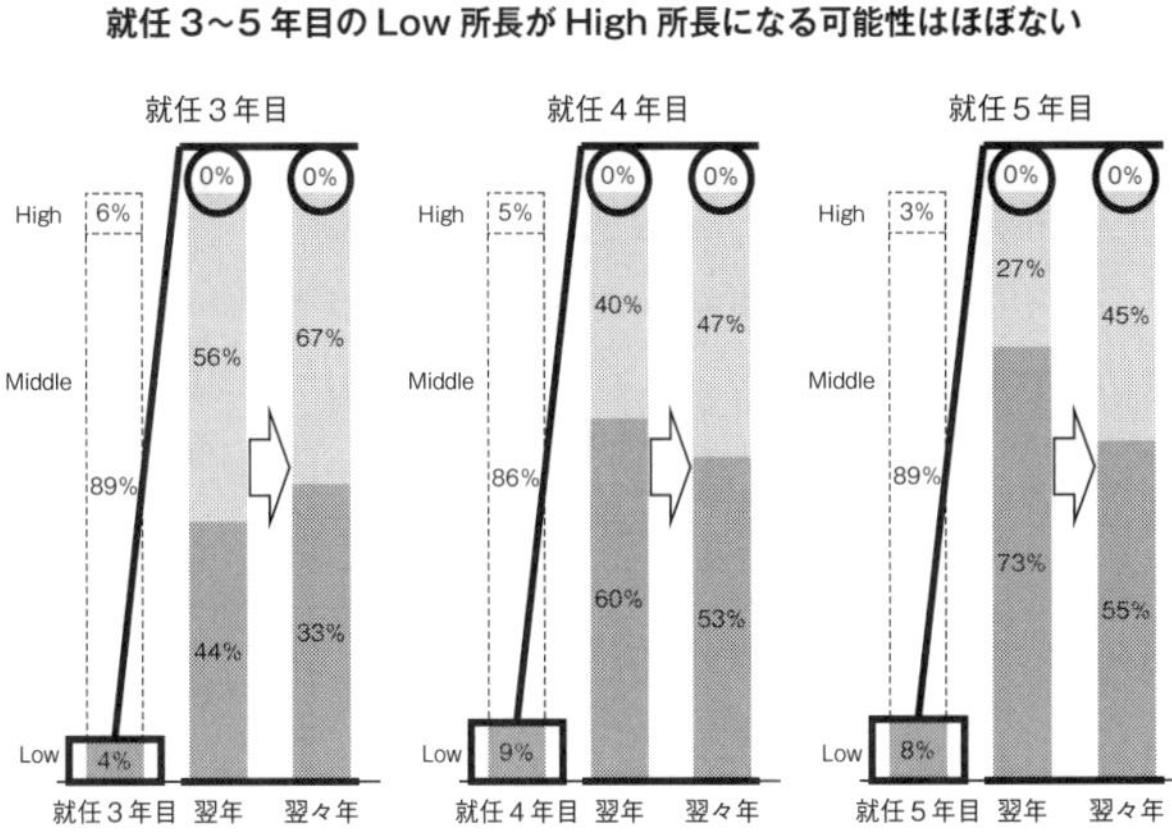

頼と実績が求められるということです。

システム企画スキル

システム企画スキルは、アナリティクス・システムを企画するために必要なスキルです。通常のＩＴシステムの企画に必要なスキルももちろん重要ですが、そのうえにさらにＡＩに関する深く広い知識が求められます。

〈Ｇｒａｄｅ１〉

システム企画ができる前提として、ＡＩに限らず最新技術を調べられなければなりません。ただ調べられるだけでなく、調べた内容を他人が分かるように報告できる能力も求められます。

調べた内容を共有する仕組みがあるとこの能力の向上に役立ちます。例えば全社員で最新情報を社内共有できるWikiをベースとした仕組みなどがあるといいでしょう。スピード感を重視してフォーマットや見出しは特に決めず、どんどん情報をアップしてもらうようにすることをお勧めします。

〈Grade2〉

Grade2では、AI技術をサービスに取り込むための提案・計画ができなければなりません。

具体的な業務内容については、第2章の「ビジネス課題の抽出」「分析の問題設定」（P37〜P43）、「経営・事業判断〜施策立案」（P57）および第3章の「あるべき姿が何かを仮説立て、何がしたいかを聞き出し、具体的な課題を探る」「具体的なToBeを決め、実行計画に落とし込む」（P66〜P69）をご覧ください。

〈Grade3〉

Grade2ではアナリティクス・プロジェクトにおけるシステム企画でしたが、

Ｇｒａｄｅ３では企業全体のＡＩシステム活用戦略を立案できることが求められます。システム化するものとシステム化しないものを見分ける能力も重要です。１年ぐらいの計画を策定することが多いのですが、それ以上の長期にわたるロードマップを描くこともあります。

また社内事業の観点で、ＡＩサービス・プロダクトを企画し、それを構築して、事業化するための計画を策定できる能力も求められます。

〈Ｇｒａｄｅ４〉

Ｇｒａｄｅ４の人材はシステム企画よりも上位のビジネス企画に関わるため、システム企画に関する要請はありません。

システム開発スキル

システム開発スキルはアナリティクス・システムを実際に開発するためのスキルです。

〈Ｇｒａｄｅ１〉

ネットワークやデータベースなどのＩＴ知識をもっていることがまず要求されます。情報処理技術者試験でいえば、応用情報技術者試験（ＡＰ）レベルです。実際に試験を受けてもらうのが最も分かりやすいのですが、上位者が合格するレベルだと判断できるのであれば、それで十分でしょう。

またシステム開発に関する知識をもち、開発ツールを扱えて、簡易なＷｅｂシステムであれば自力で構築できるレベルの能力も必要です。

〈Grade2〉

Ｇｒａｄｅ２の人材はコンサルタントとしてクライアントのニーズを把握できなければなりません。そしてシステム開発技術者として、そのニーズを満たしたＡＩシステムの提案および設計ができなければなりません。

〈Grade3〉

企業にＡＩシステムを導入する際には、そのグランドデザイン（全体構想）を策定することが必要です。グランドデザインの策定はあくまで企業のマターですが、そのデータサイエンティストはそのための助言ができなければなりません。

ＡＩシステムのグランドデザインは、次の４つのポイントを満たすように策定します。

［図表 17］AI システム全体構成の例

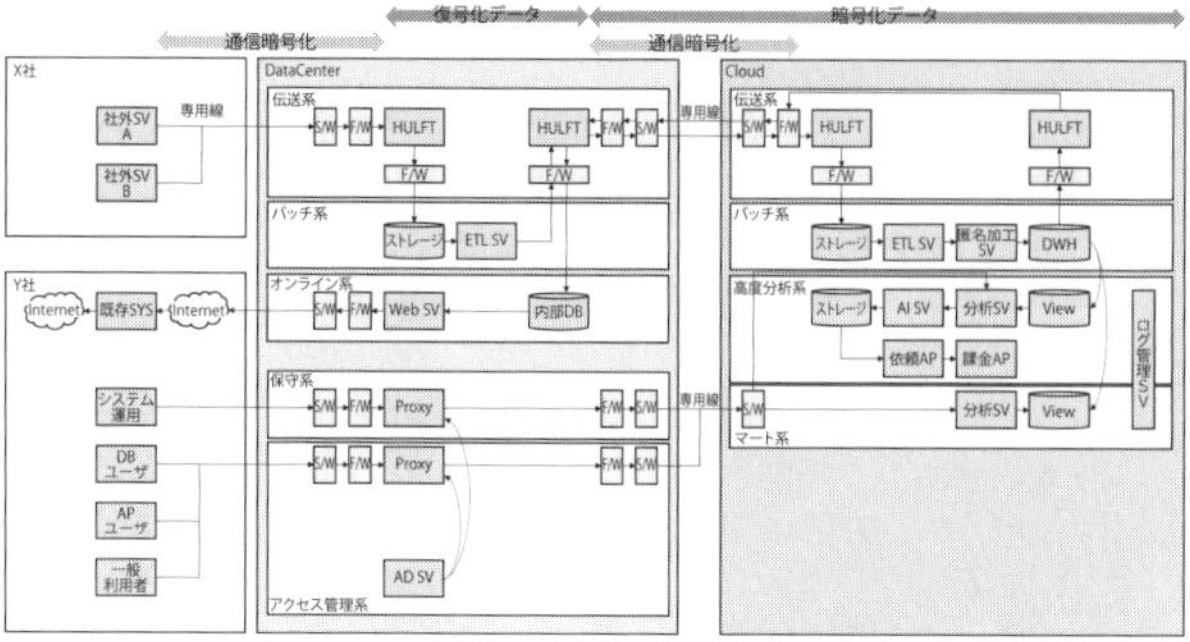

①ＡＩ導入の目的やゴールイメージが分かりやすく共有されること

②ＡＩシステムの構成が明確に分かること（学習と実行が分離されていることが望ましいが、ユーザーは混同しがち。そこを特に明確にする）

③ＡＩ以外の関連システムも含めた全体構成が正しく、簡潔に示されること（特にデータ連携の流れと頻度が肝、障害波及のイメージやシステムテストの範囲などが掴めることも重要）

④段階的な取り組みになることが多いため、各段階の範囲が明確に伝わること

〈Ｇｒａｄｅ４〉

ＡＩの実装・活用に関わる特許技術の開発ができ

ることが求められます。単一の解決策よりも複数の解決策を組み合わせたほうが特許になりやすいといわれています。そのほうが劇的な改善になることが多いからです。

グレードアップのための重要な考え方

ここまで、データサイエンティストに必要とされるスキルとキャリアパスについて述べてきました。グレードが高いほど市場価値が高いことはいうまでもありません。できるなら、早く成長できるほうがいいのではないでしょうか。

成長が早いデータサイエンティストが心掛けていることがあります。それは考えるステップと実践するステップをしっかりと分け、考えるステップに時間と労力を掛ける習慣を身につけることです。

資料を作るときに、いきなりプレゼンテーションソフトを開いて成果物を1ページ目から作り始める人がいますが、こういう人はなかなか成長しないのです。

例えば脚本家なら、いきなり脚本を書き始める人はいません。構成を大まかに考え、登場人物の一覧を作り、プロットを作って、どういう順番で観客に見せていくのが効果的かを先にしっかりと考えます。それから脚本を書いていきます。

データサイエンティストの資料作りも同じことです。まずは資料全体の構成をしっかり考えます。目次を考えて、各ページに書くことの概略を考えて、図に入れる内容を考えます。全体のラフスケッチができたら、どのような順番で並べたら最も効果的に伝わるかを考えます。そこまで決まれば、まずは白黒で描いてみて、その後色を塗ったり、フォントを変えたり、スライドのオブジェクト効果を考えたりします。

特に重要なのは、ラフスケッチを作って順番を考えるまでのステップです。ここまでの作業をそのほうが効率的なら紙でやってみてもいいし、プレゼンテーションソフトでやっても構わないのですが、とにかくいきなり資料を作り始めないことが肝心なのです。

いきなり資料を作り始めると、考えが出なくなって、結局完成しないこともあります。あるいは作っているうちにアイデアが次々と出てきて、収拾がつかなくなることもあります。書くのを忘れていたことをいったん書き終わってから思い出し、どこに入れたらいいのか悩むこともあります。最初に書いたこととあとのほうで書いたことが矛盾して、折り合いをつけるのに時間を取られることもあります。

要するに考えながら作るのは効率が悪いのです。効率が悪いうえにつぎはぎだらけになるので成果物としての品質も悪く、資料作りの目的である「人を説得すること」に結びつきません。

先に十分に考えられていれば、あとは作業的に作ればいいだけなので楽になります。時間がないときなら人に頼みやすくなります。構成がしっかりしているので、人に伝わりやすく、説得もしやすくなります。

先に十分に考えてから、作る作業に入る。作る段階も、大枠から詳細へと計画的に作っていく――こうした流れが身についている人は、仕事を速く正確にこなすことができるので評価が高まります。また生産性が高いので多くの仕事をこなすことができます。結果として、いろいろな人から声が掛かるようになり、仕事の量も幅も広がるので成長も早いということになります。

現代のビジネスはスピードが求められます。プロジェクトのスパンも昔は年単位でしたが、今は数カ月単位です。そのなかで成果を出そうとすると、走りながら考えるのが効率的と思われがちです。しかしいきなり走り出すのは効率が悪いのです。100メートル走を走るのでも入念なウォーミングアップが必要なのと同じです。走り出す前にしっかりと考え、迷いがなくなったら全力で走りましょう。

構成を作るための考え方とは

作り始める前に考えろと言いましたが、考え方を知らないと闇雲に考えることになってしまいます。そこで構成を考えるための考え方について述べることにします。

最低限知っておきたい概念は、「ピラミッド・プリンシプル」という論理的な説明を考えるための大原則です（図表18）。

最上位にメインメッセージがあります。よく「結論を先に言え」といわれますが、メインメッセージは結論にあたります。次の階層のキーメッセージは、メインメッセージの理由や根拠になるものです。キーメッセージは3つぐらいあるといいでしょう。最下層のサポートメッセージはデータや実例など、キーメッセージを強化するための「Fact（事実）」です。

[図表18] ピラミッド・プリンシプル

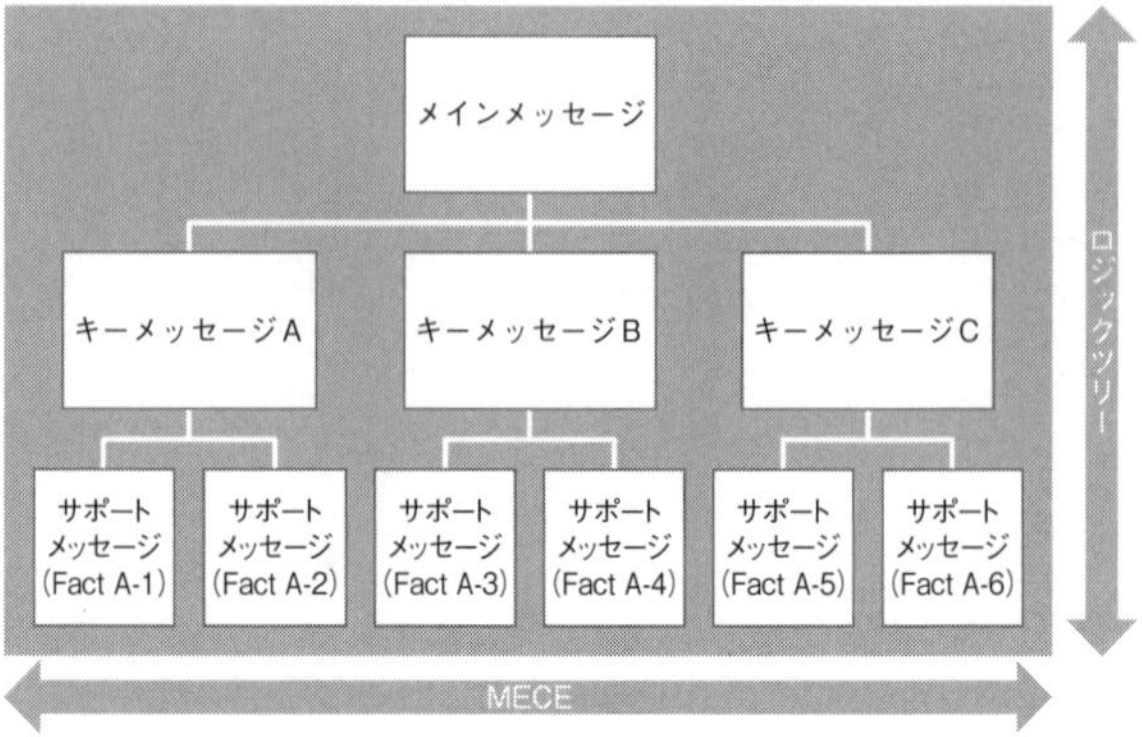

ピラミッド・プリンシプルの良いところは、それ自体がシンプルで覚えやすいことです。したがって、ピラミッド・プリンシプルに沿った話も分かりやすく、記憶に残りやすくなります。結果として説得性も高くなります。適切なキーメッセージを3つ考え出すことができれば、誰でも論理的なストーリーを組み立てられる実用性の高さも、ピラミッド・プリンシプルの大きな利点です（ピラミッド・プリンシプルやロジカルシンキングについてはたくさんの書籍が出ているので、詳細な説明はほかの書籍におまかせします）。

良いプレゼンテーションとは？

論理的なストーリーの資料ができたら次はプレゼンテーションです。

良いプレゼンテーションの条件は、「相手に分かりやすく伝え、相手に納得してもらうこと」に尽きます。主役はあくまでも受け手であり、「カッコいいプレゼンテーション」である必要はありません。

相手の理解度を上げ、納得度を高めるには、2つの要素が必要です。それはコンテンツ（情報・内容）とデリバリー（伝達）です。以下の関係があります。

理解度&納得度 ＝ コンテンツ×デリバリー

掛け算であることに注目してください。内容がいくら良くても伝え方がゼロではゼロです。逆にいくら上手に話せても内容がゼロならこれもまたゼロです。

コンテンツの要素は、ストーリー、メッセージ、ロジック、データ、スライド、事例、知識・ノウハウ、経験などです。デリバリーの要素は、言葉、話し方、動作、態度、情熱、誠意などです。基本的に、訓練すれば身につくものばかりです。また情熱や誠意は、仕事が好きで、クライアントを思う気持ちがあれば自ずと高まるはずです。

生まれつきプレゼンテーションが得意な人は極めてまれです。しかし訓練し、準備し、場数を踏めば、誰でも必ず上達します。苦手意識を捨てて、すばらしいプレゼンターになった自分を想像して励みましょう。

コミュニケーションが苦手だった人も

それでもコミュニケーションはやはり苦手だ、できればデータだけを相手にしていたいという人もいるかもしれません。

私たちの会社に入社した人もそうでした。データ分析の経験者だったので採用しましたが、クライアントとの会話は得意とはいえませんでした。

しかし、クライアントとディスカッションをしながらだんだん変わっていきました。社内研修を受け、業務で資料を作るうちに、まずアウトプットが少しずつ上手になっていきました。

そのうちにクライアントに言われたことだけをやっていても一定ライン以下の満足しか感じてもらえないことに気づき、聞き方を工夫して潜在ニーズがとらえられるようになりました。そのとたん、それまでよりずっと高い評価をクライアントから得られるようになり、バイネームでクライアントのＤＸ推進全般に関わるアドバイザリー契約を結ぶことになりました。

クライアントに当初言われたことだけをやっていたら、そこまでの評価は得られませんでしたし、ビジネスとしてもアドバイザリー契約まで広がらなかったでしょう。

彼は、元々好奇心旺盛で、新しい知識を身につけることに喜びを見出すタイプでした。それがこのような経験を通じて、知識を現場での成果に結び付けることにも喜びを見出すようになったのです。

新しく得た知識を現場での成果に結び付けたくても、ただ口を開けて待っているだけでは、誰も自分がやりたい仕事という餌を持ってきてはくれません。自ら仕事の範囲を広げていくように取り組まなければなりません。その取り組みに必要不可欠なのがコミュニケーション能力なのです。

［第5章］

これからのデータサイエンティストはどうあるべきか

日本をデータ活用先進国にしたい

私たちの会社の企業理念は、「データから価値を創造し、クライアントのビジネスを加速させる」というものです。

また行動指針は、以下の3カ条です。

・相手の期待以上のパフォーマンスを発揮する
・個々を尊重し、目的のために協調する
・最善策を常に自律的に考え、動き、省みる

企業理念および行動指針が、これまで書いてきたことと一致していることは認めてもらえるのではないでしょうか。

さらに私たちが使命としていることがあります。それは「日本をデータ活用先進国にする」ということです。

IT基盤の普及度合を含む経済発展レベルや教育水準などを考慮すると、日本は潜在的にはデータ活用先進国になれる素養があるはずです。しかし、なぜか日本はデータ活用が遅れています。個人情報の活用に関して比較的寛容な国や、活用することでサービスや品質の向上が図れるならそれで良しとする国であれば分かりますが、プライバシーにうるさい個人主義の国であるアメリカでもデータ活用は進んでいます。それどころか隣国の韓国のほうが日本よりも進んでいる印象があります。

機械学習やディープラーニングの新しい技術はほとんどがアメリカと中国から出てきています。デジタル化というもう少し広い概念でも、日本はキャッシュレス化が遅れていて、いまだに紙にハンコが当たり前の国です。

日本の会社を見渡してみてもデジタル化ができていない会社がほとんどです。データは大量に持っているのですが、それをマーケティングに活用できていませんし、リスク判断にも使えていません。その大量のデータに関しても、紙のままで置いてあるものがたくさんあります。

この状況をなんとかして、日本をデータ活用先進国、デジタル先進国に変えていきたい

――それがデータサイエンティストである私たちの使命だと考えているのです。

なぜ日本のデジタル化は遅れているのか

雑誌やインターネットを見ると、「データは21世紀の石油だ」「データ活用が企業の命運を握ることになる」と多くの人が発言しています。日本のインターネット上も、そのような記事で溢れかえっています。溢れかえっているということは関心のある人がたくさんいるということにほかなりません。それなのに多くの日本企業がデジタル化に成功しているとは言い難い状況です。なぜでしょうか。

まずデータ活用サービスを提供する側に問題があります。「モデリング屋」の会社が多く、ＰｏＣを実施しても価値を出すことができないでいます。それでＰｏＣ止まりになって、それ以上進まない会社が多いのです。

一方でユーザー企業にも問題があります。それは事業単体のＲＯＩ（投資対効果）でしかＡＩ導入の可否を判断しないことです。これはなんとかならないものかと強く思います。

分析基盤の導入自体難しく人手もお金もかかるので、これを事業単体の投資と考えると

ROIはどうしても低くなりがちです。いっそROIは度外視して、データ活用予算を組むべきだと考えます。どうしてもROIで考えるという制約でやるとしたら、小さく始めて広げていくしかありません。そうなると長い目で見る必要が出てくるわけで、時間が掛かることになります。

さらにデータ分析の価値といっても、1000万人の顧客を抱える企業と10万人の企業とでは、同じ分析を実施しても価値が違ってきます。企業規模の小さい会社ではROIが低くなるということで、そもそもAIを導入し、データサイエンティストを使ってアナリティクスを実践しようというモチベーションが起こりません。

しかし日本企業の99・7%が中小企業だという現実を見れば、企業規模の小さい会社がAI導入してデータ活用を始めないと、データ活用先進国にはなれません。そこで企業をまたいでデータ活用をするスキームができないかといつも考えています。リテールAI研究会などは、リテール業界でそのようなスキームを作ろうという動きと理解していますが、本書の執筆時点ではまだ事例紹介が多く、共通のデータ活用基盤作りには少し時間がかかりそうに思えます。

データを蓄積・分析している部門が情報システム部門である企業が多いのも問題かもしれません。データサイエンスに真剣に取り組んでいる情報システム部門も一部にはありますが、しかし基本的には今まで業務システムの開発・運用を手掛けてきた部門であり、データ分析への理解が不足しており、データ分析を推進するのは難しいのではないでしょうか。

CDO（Chief Digital Officer）を任命し、その配下にDX推進室を設置する企業が増えてきており、リモートワークの拡大により加速している感がありますが、まだまだ少ないのが現実ですし、実際に成果が出ている会社は少ないようです。

どうなればデータ活用先進国といえるのか

では、日本がどうなればデータ活用先進国になったといえるのでしょうか。

まずは経営活動において、その企業に存在するデータをフルに活用するようになれば、データ活用先進国といってもいいと考えます。各事業におけるさまざまな判断、マーケティング、リスク判断、検査、顔認証などあらゆる場面で、人の主観による判断を極力減らし、データを使って判断している――それがその会社のほとんどの人に浸透している――このような会社が大半になることが理想です。

そのためにはまず多くの会社にデータ分析環境が導入されることが必要でしょう。オフィスの省力化、効率化という意味では、例えばSFA、CRMといったツールがこの20年ぐらいで多くの会社に導入されましたが、データ分析環境はまだまだです。どの会社にもデータ分析環境が普通に存在するようにならないとデータ活用先進国とはいえません。

そうなるためには、ITエンジニアとしてデータ活用基盤の導入・運用が分かり、コンサルタントとして価値を生み出すデータ活用基盤が提案でき、データ分析そのものにも精通している人が大量に必要です。つまりデータサイエンティストがもっともっと増えなければいけないと思うのです。

その一方で、一般のユーザーがもっと簡単にデータを扱えるようになるプロダクトも必要です。それを企画し、開発するのもデータサイエンティストの務めでしょう。そう考えて、私たちの会社が提供しているのが、SkyFoxという設定も知識も不要な機械学習の自動化サービスです。

SkyFoxが解決する範囲（図表19）は、用語は多少違いますが、第2章で説明した

[図表 19] SkyFox が解決する範囲

「データ収集～モデル適用」を SkyFox が自動化

課題設定	・ビジネス課題から分析方針や問題設定を実施 ・必要なデータを検討
データ収集	・分析に必要なデータを準備 ・社内のデータだけでなく、外部データなども活用
データクレンジング	・データ欠損の保管や不要なデータを除去 ・データ分析が可能な状態に準備
データ変換	・各種データを特徴が出やすいように加工 ・統計処理に加え、企画学習も実施
モデル構築	・機械学習などの手法を用いて、さまざまなモデルを構築(複数)
モデル適用	・実際に予測や分類を行いモデルを検証 ・最も性能の良いモデルを選択
データ活用	・構築したモデルを業務やシステムに実装 ・モデルの再学習を含むPDCA実施

モデリングフェーズの範囲をすべてカバーしています。「モデリング屋」の得意とする領域は、すでにこのように自動化されているのです。

最終的には、「こういうデータを活用したら、こういう効果が出た」といったデータ活用（ＡＩ活用）に関する記事がどこにも載らなくなったら、データ活用先進国になったといえるのではないでしょうか。

例えば今の時代に、Ｅｘｃｅｌを活用して業務の効率化ができたという記事が雑誌やＩＴの専門サイトに載ることはありません。それと同じで、ＡＩを活用して企業の業績が向上することが当たり前なのがデータ活用先進国です。企業の業績が著しく向上したということであれば記事になりますが、そのポイントはＡＩを活用したということではなく、どのようなビジネスモデルを考え出したかといったところに移るでしょう。

経営の可視化さえあやしい

機械学習モデルを活用するというレベル以前に、経営者が自社の売上や見込客数といった経営上重要なデータをリアルタイムに見ることができる企業がまずありません。例えば、申込者数のデータを抽出して、処理して、レポートが出るまでに3日掛かるといった企業がほとんどです。

リアルタイムで経営指標を確認できるダッシュボードをもつ企業がほとんどありません。クルマの運転に例えたら、タコメーターはおろかスピードメーターもなく、ガソリンの残量は1時間以上前の値、外は雨が降っているのにワイパーがろくに動かないといった状況です。異状が発生したり、ガス欠になったりしても分かりません。故障したと分かるのは、いきなりストップしたときです。

それでも超人的な勘があるので経営できているのでしょうが、現実に企業は事業撤退や赤字決算といった事故をちょくちょく起こします。そこにリアルタイムに経営指標を確認することができるダッシュボードをもったライバル企業が現れたら、ほぼ勝ち目はありません。

アメリカや中国の企業はそのようなダッシュボードを備えつつあるのです。このままでは日本企業はなるべくして海外のデータ活用先進国企業の配下か下請けになってしまうことでしょう。

データ活用先進国になったとしても

さて、企業はもちろん、政府、自治体、教育関係者など日本全体が危機感を共有して、データ活用先進国になれたとします。そうなるとデータサイエンティストは必要なくなるのでしょうか。

そうはならないと思います。「データサイエンティスト」という名前ではなくなっているかもしれませんが、常に最先端のテクノロジーを吸収し続けて、それを企業や個人が活用できる環境をつくっていく人たちは必要であり続けるはずです。

そういった意味で、日本の将来はデータサイエンティストにかかっていると思うのです。データサイエンティストは日本の将来を支える職業だという誇りをもちましょう。

コンサルティング会社もＳＩ企業もＡＩベンチャーもそれぞれ得意分野はもっていますが、データ活用ということに関していえば、どの会社も一社では網羅できていません。ですが私たちはそれぞれの得意分野をつなげばいいとは考えていません。コンサルティングもＡＩ（データ分析）もＳＩもすべて分かる（第４章の定義でいえばＧｒａｄｅ２以上）

人材が集まった組織が必要だと考えています。

もちろんメンバーごとに特に強い分野があります。その強みを適材適所で組み合わせて最適・最強のチームを作ればいいのです。しかし個々のメンバーに欠けている部分があると、どうしてもスピード感にも欠けてしまいます。全部一定レベル以上の人が集まれば、最高のスピードと品質と効率でデータ活用を推進することができるのです。

5～10年後のデータサイエンスはどうなっているか

データ活用における現在の日本の課題と目指すべき姿について考えてきました。ここで5～10年後ぐらいのデータサイエンスはどうなっているかという近未来の話をしていきたいと思います。

その頃になっていると、機械学習モデルによるデータ活用は、現在でいえばＥｘｃｅｌやＢＩツールぐらい気軽に使われるものになっているはずです。つまりそれが使えるだけでは武器にはならないということです。

ディープラーニングについても同様に陳腐化が進みます。そのときにどんなテクノロジーが最先端なのかは想像できませんが、常に最新技術をキャッチアップして、フル活用しているデータサイエンティストだけが生き残っていることでしょう。

技術的には2、3年後には機械学習もディープラーニングも陳腐化している可能性がありますが、企業の意識がそこまで追いつかないことも想像できます。私たちは10年前ぐらいにニューラルネットワークによる分析を提案したにもかかわらず、まったく受け入れられなかったという経験をしたことがあります。それから何年もかかって、機械学習がようやく受け入れられるようになり、ニューラルネットワークも当たり前の技術になりつつあります。テクノロジーは進んでも、人が受け入れるまでにはタイムラグがあるのです。

思い起こせば、私たちがクライアントの与信モデルを作るために高度な機械学習を応用したのは6年前の2015年頃でした。これは当時としてはかなりの先進事例であり、一般的にはAIはまだまだ高嶺の花のイメージがありました。それが6年ぐらいでAIをビジネスに活用するのは当たり前になりつつあります。

クラウドが良い例です。10年前は日本でクラウドについて知っている人はまだまだ少なかった覚えがあります。AWS（アマゾンウェブサービス）がアジアパシフィック－東京リージョンを開設したのは、２０１１年3月のことでしたから、アマゾンが日本でもクラウドがビジネスになると思ったのが10年前だったということです。そのクラウドも、今ではテレビのごく普通の番組でも聞かれるような「日常語」になりました。

そう考えると、日本でＡＩがビジネス向けに普及し始めたのが２０１５年頃でしたから、普通になるのは２０２５年頃と考えるのが妥当かもしれません。法整備もここ数年で進み始めたところですし、押印廃止といった文化的な変化も最近起こり始めたばかりなので、データ活用・ＡＩ活用の定着までには、まだ何年もかかるとみたほうがいいでしょう。

世の中では、まだまだＰｏＣだらけというのもこれを裏付けているかもしれません。通常のシステム開発であれば、ＰｏＣを実施するなどという話は聞かれません。しかし昔はＬＡＮを敷くにしても、データウェアハウスを構築するにしても、Ｗｅｂシステムを開発するにしても、ＥＲＰを導入するにしてもフィジビリティスタディを必ず行っていました。フィジビリティスタディとは、日本語に訳せば「実現可能性調査」になります。最新技術や最新製品を導入する前に、小規模なシステムを構築して、実務での使用に耐えるかを検証することです。ＡＩ導入におけるＰｏＣもフィジビリティスタディの一種です。

通常のシステム開発でフィジビリティスタディがほとんどなくなったように、ＡＩ導入におけるＰｏＣがほとんどなくなれば、ＡＩも当たり前になったといえるかもしれません。それもやはり5年先ぐらいというイメージがあります。

2、3年後には確実に起こりそうなこと

2、3年後には、フリーランスのデータサイエンティストが増えるのではないでしょうか。現在、フリーランスのコンサルタントはたくさんいますが、それと同じことがデータサイエンティストでも起きると思うのです。

フリーランスで生活できる人が増えるということは、それだけ仕事が増えたということです。したがってデータ活用が当たり前になれば仕事も増え、フリーランスのデータサイエンティストも増えるということになります。

ただしフリーランスには、営業能力も必要です。またコンサルティング的な能力がないと差別化できません。したがって「モデリング屋」がフリーランスになるのは難しいでしょう。フリーランスのデータサイエンティストは、基本的にコンサルティング能力をも

つデータサイエンティストが主流になると考えられます。

このような動向のなかで、企業で働く「モデリング屋でない」データサイエンティストの市場価値も高まっていくでしょう。

以上はすべて兆しが見えていることばかりで、2、3年後には確実に起こることと考えられます。人間の仕事がAIに奪われるという話があります。例えば前述したSkyFoxによって「モデリング屋」は仕事を奪われることになるでしょう。「モデリング屋」からコンサルティングもできるデータサイエンティストへのシフトは1日も早く始めなければなりません。

また学生やITエンジニアが今からデータサイエンティストを目指すとしても、それが「モデリング屋」であれば、なった頃にはその仕事はツールで代替されるようになっている可能性が高いといえます。今から目指すのであれば、コンサルティングもできるデータサイエンティストです。

10年後には普通のコンサルタントに

2、3年後はだいたい見えていますが、5、6年後になるとぼやけた感じがします。10年後になると予測もつきませんが、1つ確実にいえそうなことはあります。それはデータサイエンスという言葉が死語になっているだろうということです。データサイエンティストはおそらくただのコンサルタントになっているでしょう。

例えば電卓も、初めて市場に登場した当時は今のAIのように見えたことでしょう。しかし今では、パソコンがあり、プログラミングができれば学生でも作れるものとなりました。このように、AIに学習させることもどんどん簡単になり、専門職でない一般の人でもできることになっていると考えられます。

10年先といわず、数年後にデータサイエンスという言葉が死語になるのなら、日本にとっても世界にとっても望ましいことかもしれません。

DXという言葉も死語になるでしょう。ただ「データ分析」や「データ活用」という言葉は一般名詞ですから残るでしょう。したがってデータサイエンティストの将来の職業名として残りそうなのは、「データ分析コンサルタント」や「データ活用コンサルタント」なのかもしれません。

名称はどうでもいいことで、データ分析や活用のテクノロジー自体は機械学習やディープラーニングが当たり前になっても、どんどん新しいものが出てくるはずです。それに追従して、最新・最強・最適のデータ活用技術を取捨選択し、ユーザーに提供する仕事は残るはずで、データサイエンティストはその専門家として生き残っていくことになるでしょう。

職業名が変わるのはよくあることで、私たちが会社を設立した年には、求人サイトの職業名タグに「データサイエンティスト」も「AIエンジニア」も存在しておらず、「コンサルタント」や「その他エンジニア」で募集をかけたのでした。わずか4年前のことです。

データ活用による社会貢献

データサイエンティストの仕事がデータ分析だけでなくデータ活用にまで広がっていくと、社会へのさまざまな貢献に関われることに気づきます。例えば自動運転、障害物検知、危険な場所での工事、リコメンドやカスタマイズ広告、画像解析の医療への応用などです。

これらをまとめると、データを活用することで、人に関わるリスクを減らすことと、人が人に対してサポートする時間を増やすことができるということです。

そういう視点で見ると、地球温暖化の現状や原因を探る、新型コロナウイルスの感染状況をより正確に早く把握する、被災地の状況をリアルタイムに把握し必要なところに必要な物資を配布するといったことにも関われます。

ビジネスにおいても日本全国に店舗を展開するチェーン店が、商品を全国レベルで最適配置できるようになれば、買うほうは安く買えるし、売るほうは収益性が高まりますから、みんなが豊かになることでしょう。

SDGsの実現にもデータ活用は必須です。例えば食料の在庫ロスをなくすということも立派なSDGsへの取り組みの一つですが、そのためにはデータを活用して正確な需要予測をすることが役に立ちます。世界中の企業が食料ロスをなくす取り組みをすれば、飢餓をゼロにという目標を達成することに貢献できるでしょう。

ジェンダー平等の実現に関しても、企業の人事評価制度がデータに基づく公平なものになれば、かなり実現に近づけることができます。

気候変動への対策としても、CO_2削減をしようと思えば、どこで発生しているのかをとらえる必要があり、データの活用は不可欠です。例えばアパレル業界では大量生産・大量廃棄が問題となっていますが、それをデータ活用によって最適化することでCO_2削減をねらっています。またそもそもCO_2が地球温暖化の原因なのかという議論もあり、その議論に決着をつけるにもデータが根拠となるでしょう。

地方自治体のスマートシティ化を通じたブランディングができないかという相談もあり、これにもさまざまな形でデータの活用が可能です。例えば、住民のロハススコアを導入し、一定以上のスコアの住民にはボーナスポイントを与えるというアイデアが出ています。また地方ではどうしてもクルマが必要なので高齢者がなかなか運転免許を返上できないという問題がありますが、それについてもデータとＡＩを活用することで、自動運転型のスローモビリティを導入しようというアイデアも出てきています。

個人情報活用に関する社会的コンセンサスを

ウェブやスマートフォンでの買い物が普通になったり、ＳＮＳへの書き込みが増えたりしたことから、購買履歴を含む個人の行動履歴を取得することが簡単に低コストで行えるようになりました。それによって行動履歴に基づくリコメンドやカスタマイズ広告がありふれたものになりました。

これは便利になったととらえることもできますが、企業によるプライバシーの侵害ととらえることもできます。プライバシー保護の観点から、ＥＵではＥＵ一般データ保護規則（ＧＤＰＲ）、アメリカのカリフォルニア州ではカリフォルニア州消費者プライバシー法（ＣＣＰＡ）が相次いで施行されました。この２つは日本企業も対応が必要な規則であり、これらの地域と取引のある企業にとってはかなりの負担となっています。

このような世界的な流れのなかで、日本でも個人情報保護の意識が高まり、データサイエンティストも個人データの厳重な扱いを求められています。個人が特定できるデータはネットワークから遮断されたところに置き、匿名化されたデータを扱い、データが使えるかどうかは法務チェックを行います。使ってはいけないデータを使ってしまうと、それだけでプロジェクトが頓挫するので、かなりの慎重さが必要とされます。

プライバシーを守ることはもちろん大切ですが、このままだと個人情報の活用に関して比較的寛容で人口の多い国が有利です。

そのような国への対抗策として、政府主導で行ってほしいことがあります。それは、日本の発展を推進するという立場で、個人情報の活用に関する社会的なコンセンサスを形成することです。もちろんさまざまな条件が付くでしょうが、国民にとってもベネフィットがあることを示すことができれば、行き過ぎとも思える無意味な規制はなくなることでしょう。

そのコンセンサスに基づいたデータの有効活用とプライバシーの保護との間でバランスの取れた法整備を進めていただきたい——日本がデータ活用先進国になるための最も重要な条件はこうした法整備かもしれません。

おわりに

プライバシー保護とデータ活用のバランスは最も重要なテーマの一つとなるでしょう。SDGsの実現にデータが利活用できると述べましたが、多くのテーマに個人情報が関わっています。ビジネス目的だけでなく社会貢献においても、行き過ぎたプライバシー保護は大きな壁になるかもしれないのです。

プライバシー保護を叫ぶ一方で、すでに至る所に監視カメラが設置され、警察や政府はその気になれば私たちの行動履歴をほとんど把握することができます。ただコストがかかるので、犯罪にでも関わらない限りいちいち行動履歴をチェックされることはないでしょう。それに監視カメラがあることが周知されると、それが犯罪の抑止効果を生み、治安が良くなる可能性もあります。とはいえ不気味さも残ります。そうしたメリットとデメリットを比較して、どんな社会にしていくかをみんなで議論していくことが大切ではないでしょうか。

ほかのデータに関しても同様の議論が必要なのはいうまでもありません。スマートフォンから企業に行動履歴が送付されるのに抵抗がある人が、一方では自分向けにカスタマイズされたリコメンドを喜び、そういうリコメンドをしない企業のサービスは選択しないというデータもあります。

このような一見矛盾した反応も、データ活用とはどのようなことかについてよく知らないことが理由です。個人情報を取られるといえばなんでもかんでも問題にするマスコミと、それを鵜呑みにして闇雲に怖がる消費者を啓蒙していく必要があるのかもしれません。

そのような啓蒙においては、それこそデータを根拠として示すことが重要であり、私たちデータサイエンティストができる最大の社会貢献は、もしかしたらデータ活用を進めるためのデータ分析なのかもしれません。

また個人情報に価値があるのであれば、各個人がその価値を享受できる仕組みも必要だと考えます。「情報銀行」はその仕組みとしての可能性をもっています。

情報銀行とは、「個人とのデータ活用に関する契約等に基づき、ＰＤＳ等のシステムを活用して個人のデータを管理するとともに、個人の指示又は予め指定した条件に基づき個人に代わり妥当性を判断の上、データを第三者（他の事業者）に提供する事業」（２０１７

年3月内閣官房IT総合戦略室「AI、IoT時代におけるデータ活用ワーキンググループ中間とりまとめの概要」）です。

情報銀行を通じて、データ販売の対価を個人に一部還元することもできますし、有益なサービスを個人向けに仲介することも個人にとっての大きなメリットになります。

データ活用のための啓蒙活動や情報銀行の仕組み作りは、今後の日本の発展＝日本をデータ活用先進国にするために必要なことであり、私たちも取り組んでいきたいと考えるテーマです。こうしたテーマを実現していくためには、私たちだけでは数が不足していま す。本書を通じて、ともに実現に向けて働きたいと考える方々からメッセージをいただければ、心から嬉しく思います。

加藤良太郎（かとう・りょうたろう）

代表取締役会長兼Ｆｏｕｎｄｅｒ
同志社大学卒業、アクセンチュア株式会社（戦略グループ）を経て、２０１２年株式会社グリフィン・ストラテジック・パートナーズ設立、代表取締役就任、２０１６年セカンドサイト株式会社設立、代表取締役就任。全社改革、事業戦略、業務改革・ＢＰＲ、営業・マーケティング改革、組織・人事改革等のプランニングから実行・定着化までの経営コンサルティングや経営アドバイザーに約20年従事。セカンドサイトでは、ＡＩ・機械学習モデルやアナリティクスプラットフォームの構築・運用のプロジェクト推進やアナリティクス・ＡＩのアドバイザーとしても従事。

高山博和（たかやま・ひろかず）

代表取締役社長
京都大学大学院卒業、大手コンサルティングファーム（金融コンサルティングセクター）、２０１２年株式会社グリフィン・ストラテジック・パートナーズを経て、２０１６年セカンドサイト株式会社設立、取締役就任。事業企画支援・中期経営計画策定・業務改革支援・営業改革支援等のコンサルティング案件や、リスク管理領域・マーケティング領域を対象としたデータアナリティクス案件に従事。セカンドサイトでは、アナリティクス技術を活用したクライアントの課題解決支援や機械学習モデルの構築・導入支援業務を推進。

深谷直紀（ふかや・なおき）

代表取締役副社長兼テクノロジー本部長
京都大学大学院卒業、大手シンクタンク（システムコンサル部門）を経て、２０１１年ＩＴベンチャー設立ＣＴＯ就任、２０１４年株式会社グリフィン・ストラテジック・パートナーズを経て、２０１６年セカンドサイト株式会社設立、取締役就任。事業企画支援、技術開発支援、サービス開発支援等のコンサルティング業務や、金融・保険・決済、不動産、通信業界におけるデータ分析およびモデル開発業務に従事。セカンドサイトでは、ＡＩ・機械学習を用いたデータ活用に関する技術開発、プロダクト開発に加え、クライアント企業におけるデータ分析インフラやＡＩ・機械学習システムの構築を推進。

本書についての
ご意見・ご感想はコチラ

データサイエンティストの要諦

二〇二一年四月二七日　第一刷発行

著　者　加藤良太郎　高山博和　深谷直紀
発行人　久保田貴幸
発行元　株式会社　幻冬舎メディアコンサルティング
〒一五一-〇〇五一　東京都渋谷区千駄ヶ谷四-九-七
電話　〇三-五四一一-六四四〇（編集）
発売元　株式会社　幻冬舎
〒一五一-〇〇五一　東京都渋谷区千駄ヶ谷四-九-七
電話　〇三-五四一一-六二二二（営業）

印刷・製本　シナノ書籍印刷株式会社
装　丁　三浦文我

検印廃止

Printed in Japan　ISBN978-4-344-93124-4　C0033
幻冬舎メディアコンサルティングＨＰ　http://www.gentosha-mc.com/